LA CONCIENCIA CRISTIANA

LA CONCIENCIA CRISTIANA

POR

JOSELO MERCADO

2023

B&H
ESPAÑOL
BRENTWOOD, TENNESSEE

La conciencia cristiana

B&H Publishing Group
Brentwood, TN 37027

Diseño de portada: B&H Español

Director editorial: Giancarlo Montemayor
Editor de proyectos: Joel Rosario
Coordinadora de proyectos: Cristina O'Shee

Clasificación Decimal Dewey: 241.1

Clasifíquese: CONCIENCIA \ CRISTIANDAD

ISBN: 978-1-0877-6263-0

Impreso en EE. UU.
1 2 3 4 5 * 26 25 24 23

Índice

Dedicatoria

A la Iglesia Gracia Soberana
de Gaithersburg

Gracias por ayudarme
a practicar libertades de conciencia
dentro de la protección del evangelio

Agradecimientos

Aunque sé que nuestras convicciones deben venir de la Biblia, somos formados de gran forma por las relaciones que tenemos con otros. Este tema de tanta importancia en mi vida ha sido uno en el que muchas personas han tenido un impacto en como lo veo y proceso. Mi deseo es agradecerles.

Kathy, no sé cuántos libros Dios me permita publicar. Este es el cuarto y son cuatro más de los que nunca pensé que iba a escribir. Pero en cada uno que Dios me permita completar, tú estarás en el tope de los agradecimientos. Son veintitrés años juntos y muchas veces no puedo creer lo feliz que soy junto a ti. Tu amor, paciencia, dedicación y entrega por nuestro matrimonio es un reflejo de la gracia de Dios en tu vida y un regalo para mí. Gracias por las cientos de horas que me escuchas refinando mi pensamiento en temas de conciencia. Durante la pandemia y las protestas sociales, tenías que escucharme filosofar, pensar en voz alta y procesar mis pensamiento. Tu paciencia me es de mucha ayuda y de ayuda a otros. Te amo, tú eres.

Joey y Janelle. Desde el día que Dios me los regaló, he sido cada día más consciente de que necesito de Su Espíritu Santo para poder criarlos. Así que sus vidas son un regalo para Papi, porque ustedes son un estímulo para pensar profundamente en temas que nos ayudan a caminar honrando a Dios con una conciencia tranquila. Sepan que Papi los ama, sin importar lo que depare el futuro.

Iglesia Gracia Soberana de Gaithersburg. Por los pasados 14 años he tenido el privilegio de pastorearlos. Poder servirlos cada domingo ayuda a mi alma, porque me obliga a clamar por la refinación de mi pensamiento en temas de conciencia. Deseo animarlos a obedecer donde la Biblia es clara, pero también enseñarles a crear convicciones propias donde puede haber apertura de criterio. Le doy gracias a Dios por Cristo, que nos permite relacionarnos a pesar de la dificultad de caminar diferencias en unidad.

Por último, al Dios trino. Gracias porque nos da la mayor libertad que necesitamos, libertad del pecado por medio de la redención en Cristo.

Joselo Mercado
Maryland, 2022

Introducción

Martín Lutero compareció ante la Dieta de Worms el 17 de abril de 1521. Fue convocado por el mismo emperador Carlos V para que se retractara públicamente de la teología bíblica que estaba promoviendo con sus escritos. Lutero pidió un tiempo para pensar después de que se le presentaran sus escritos y fueran declarados heréticos. Al día siguiente, se presentó ante la asamblea y no se retractó de su teología. Sus palabras con las que renunció a retractarse son famosas:

A menos que no esté convencido mediante el testimonio de las Escrituras o por razones evidentes —ya que no confío en el Papa, ni en su Concilio, debido a que ellos han errado continuamente y se han contradicho—, me mantengo firme en las Escrituras a las que he adoptado como mi guía. Mi conciencia es prisionera de la Palabra de Dios, y no puedo ni quiero revocar nada reconociendo que no es seguro o correcto actuar contra la conciencia. Que Dios me ayude. Amén.[1]

De acuerdo con fuentes tradicionales, Lutero finalizó este discurso diciendo: «No puedo hacer otra cosa, esta es mi postura. Que Dios me ayude».

Este es un momento monumental en la historia del cristianismo y la humanidad. Pocos han tenido tanta influencia y efecto en el

---

[1]Cita de discurso Martin Lutero, Dieta de Worms. Dominio público.

mundo. Se podría trazar mucho del desarrollo de la cultura occidental y todos sus beneficios hasta un monje que vivía en lo que es la actual Alemania durante el siglo XVI, el cual se negó a retractarse de la proclamación del verdadero evangelio. Esa decisión radical produjo tales efectos, que aun en este tiempo disfrutamos de cosas que damos por sentado, como la libertad religiosa, el acceso a las Escrituras y una sociedad con una ética de trabajo positiva. Todo esto y mucho más porque este monje respondió a su conciencia informada por la Palabra.

El tema de este libro es *la conciencia cristiana*. Creo que es uno de los temas más descuidados en el último siglo, a pesar de que tiene una importancia vital en la vida del creyente. El cristianismo contemporáneo se ha dedicado a la búsqueda de emociones y experiencias, en lugar de cultivar una conciencia informada por la Palabra de Dios. Esto se ha generalizado hasta el punto de alcanzar a la mayoría de las tradiciones cristianas. Hasta las tradiciones más conservadoras se muestran satisfechas con su conocimiento bíblico, pero lo que observamos con tristeza es que, en momentos claves, es evidente que sus conciencias no fueron informadas para actuar de acuerdo con la Palabra. Muchos creyentes reformados critican a las personas que siguen ciegamente lo que «apóstoles» proclaman, pero no ven que la misma práctica se aplica a las personas que siguen ciegamente a celebridades reformadas. Si tu defensa bíblica se basa simplemente en citar a un pastor famoso, lo más probable es que tu convicción no sea bíblica, sino que se sustenta principalmente en seguir casi ciegamente a alguien.

Los tiempos que estamos viviendo son decisivos y complicados. Por eso tengo la profunda convicción de que la iglesia debe regresar a la práctica de estudiar este tema de la conciencia, porque es de vital importancia. Durante la mayor parte de nuestras vidas, estamos tomando decisiones de conciencia, donde la Palabra nos dice que pecamos, no por la decisión que tomamos, sino por tomarla sin conocimiento ni convicción bíblica. No me estoy refiriendo a decisiones que podríamos llamar dogmáticas, en donde hay áreas que son sumamente claras en cuanto a los límites que la Palabra de

Dios establece con luz meridiana. El problema con nuestra conciencia radica en que la mayoría de nosotros vivimos en lo que llamo «la zona Romanos 14», donde tomamos decisiones individuales en las que cada creyente puede diferir, pero que deben tomarse con profunda convicción bíblica.

Así como Lutero afirmaba que ir en contra de la conciencia es peligroso, más peligroso es no tener una conciencia informada. Debido a que el evangelicalismo ha reaccionado al legalismo en las últimas décadas, los evangélicos se han enfocado en abrazar lo que se ha denominado «las libertades cristianas», es decir, cristianos que practican conductas basadas en conclusiones personales y no en la Palabra de Dios. Soy un fiel defensor de las libertades cristianas que nacen del proceso de informar nuestras conciencias por la Biblia, pero no de negar la Palabra de Dios con conductas que la Biblia claramente condena, bajo la excusa de que es libertad. El problema radica en que muchas no están informadas con convicciones bíblicas. Desde la década de 1980, hemos visto a muchos creyentes seguir ciegamente prácticas y pensamientos que líderes cristianos apenas sugerían, sin crear convicciones firmes y bien informadas por la Palabra de Dios. Eso ha producido que hoy en día no se desee considerar ninguna exhortación bíblica a la obediencia porque suena legalista. El tema de la conciencia es importante porque, cuando lo entendamos, podremos considerar principios bíblicos sólidos y profundos que nos permitan llegar a convicciones sobre cómo debemos practicarlas para la gloria de Dios.

El riesgo al que se expone una iglesia que no desarrolla el cultivo de conciencias bíblicas es regresar al tiempo de los jueces, donde «no había rey en Israel; cada uno hacía lo que le parecía bien ante sus ojos» (Jue. 17:6). Tengo que afirmar con tristeza que la iglesia ha abrazado el espíritu del momento; hemos sucumbido ante la filosofía posmodernista que promulga que la verdad es relativa, en lugar de ir a las Escrituras y dejar que dirijan nuestras conciencias guiadas por la Palabra. Confiamos en nuestro razonamiento o intuición por encima de la Palabra para tomar decisiones trascendentales; tomamos decisiones de vida o muerte con una superficialidad que nos debería hacer temblar.

Ya no tenemos ídolos de madera, pero nuestras opiniones son el ídolo del momento. Ignoramos principios bíblicos sumamente claros porque no pasamos el tiempo suficiente estudiando temas e informando nuestras conciencias para así poder discernir entre el bien y el mal. No debemos olvidar las palabras del profeta:

Mi pueblo es destruido por falta de conocimiento... (Os. 4:6)

Es mi oración que este libro te ayude a dedicar tiempo para observar con cierta profundidad el trasfondo teológico de este importante tema. Luego consideraremos casos de estudio de temas relevantes para aplicarlos al estudio teológico. El propósito de este estudio no es llegar a conclusiones prácticas, sino comprender cómo se debe guiar el estudio, la meditación y la aplicación de temas de conciencia. Abarcaremos temas como la educación, el entretenimiento y la adoración.

Uno de los pilares de la iglesia protestante es el énfasis en el cuidado que se debe tener con las decisiones de conciencia. Se trata de tener la capacidad de identificar áreas donde los creyentes pueden diferir, pero, a la vez, ambos pueden traer gloria a Dios por medio de la aplicación de principios bíblicos de una forma que refleje un sometimiento fiel a la Palabra de Dios. En consecuencia, estamos hablando de un trabajo arduo que demanda un estudio concienzudo de la Palabra, tiempo de meditación y la disposición a actuar con convicción y sin dilación. Toma tiempo pensar y, en ocasiones, ir contra la corriente. Sin embargo, es un pilar fundamental de la iglesia porque defiende el evangelio y la gracia al no imponer requerimientos que la Biblia no impone a los creyentes, pero motiva a una vida en santidad, producto de convicciones bíblicas personales fuertes.

Tengo que reconocer mi convicción de que este tema no es el más atractivo del momento. No obstante, insisto en escribir sobre la conciencia porque pienso que hay pocos temas más importantes que este en el mundo que vivimos, a pesar de que se trata de un tema que ha sido relegado. Hoy más que nunca, ante un mundo hostil contra el cristianismo, necesitamos cristianos que informen sus conciencias con las verdades del evangelio, para que cuando la hostilidad se acerque, podamos, como Lutero, encomendarnos al Señor porque nuestra conciencia no nos permite hacer otra cosa.

Capítulo 1

Libertad y fe

Un buen fundamento es de suma importancia al momento de edificar una estructura. Esto es una realidad que no puede ser ignorada en ningún tipo de construcción. Soy ingeniero y trabajé por muchos años en grandes proyectos de tecnología de información. Muchas veces, nos sorprendíamos al escuchar a personas que deseaban implementar soluciones sin entender el fundamento del problema y la ciencia necesaria para solucionar la situación. Un ejemplo clásico es el de los ingenieros civiles que pueden tener choques con arquitectos porque los últimos están interesados en el aspecto estético de una estructura y esa inclinación puede hacer que ignoren aspectos estructurales. Si la estética es impresionante pero no se conforma con las necesidades de fundamento, el edificio va a colapsar.

El tema de la conciencia, las libertades cristianas y sus prácticas necesita el fundamento correcto que sustente toda su estructura. La estructura que edifiquemos va a colapsar sin este fundamento. El problema es que vemos estos temas como si fueran independientes o estuvieran aislados del fundamento. Muchas veces, por ejemplo, el tema de la libertad cristiana solo se observa desde la perspectiva de servir a los hermanos de conciencia débil. De seguro puedes notar la debilidad del argumento porque carece de fundamento. Por otro lado, otros ponen el énfasis en poder ejercer las libertades que perciben necesarias o que ya gozan. Pero si los énfasis son estas prácticas y no están sujetas a un fundamento de verdades bíblicas sólidas, entonces no vamos a poder navegar de forma sabia ese tema cuando veamos sus complejidades y aun sus razones para existir o defender.

Para los que me conocen o han leído alguno de mis escritos, no será ninguna sorpresa que escuchen que propongo que necesitamos un fundamento del evangelio para conocer, entender y aplicar cualquier tema, especialmente el de la conciencia. Sin el evangelio, podemos caer en el legalismo o en una vida sin ley. Solo el fundamento del evangelio nos permite apreciar y proteger realmente la libertad que tenemos en Cristo, pero a la vez, morir a esta libertad en momentos en que sea adecuado o necesario hacerlo.

El propósito de este libro es reflexionar sobre el importante tema de la conciencia. Como he dicho, solo el evangelio nos permite ver y entender bíblicamente que hay asuntos de ética y moral en los que podemos tener serias y firmes convicciones, pero aun así diferir con otros creyentes. Sin embargo, ambos podemos ser fieles a la Palabra y glorificar a Dios en nuestras diferentes posiciones. Tener este conocimiento nos va a permitir disfrutar de nuestra libertad sin imponer nuestras convicciones de conciencia, y regocijarnos en que otros disfruten de su libertad en Cristo.

ENTENDER NUESTRA LIBERTAD

Martin Lutero toco el tema de la libertad cristiana en uno de sus escritos más importantes.[2] Él argumenta que solo la justificación por fe nos permite tener libertad cristiana. Lo que Lutero está diciendo es que, mientras no seamos libres de los requerimientos de la ley, siempre trataremos de ganar nuestra salvación con nuestros actos. No importa cuál es tu trasfondo religioso o si te consideras no religioso, todos los seres humanos tratamos de redimirnos de alguna manera con nuestras obras.

El papá ateo deseará verse como un padre competente al mostrar atención a sus hijos. El esposo agnóstico anhelará ser afirmado por su esposa por medio del amor y cuidado que ofrece a su cónyuge. Podría

---

[2]Luther, M., Lambert, W. A., e In Grimm, H. J. (2003). *On Christian liberty.* APA (6° ed.).

decir que el instinto humano usa las obras como el fundamento para alcanzar la redención en la religión particular que ha creado en su propia mente. Los cristianos no nos quedamos fuera de esa tendencia porque hacemos lo mismo: venimos a Cristo, pero actuamos en forma contraria al evangelio al pensar que nuestras obras son necesarias para nuestra salvación.

Es evidente que un creyente verdadero actuará de cierta forma distintiva, pero ese creyente nunca pondrá en esas obras su confianza de salvación, solo en la obra de Cristo, tal como lo proclama el evangelio. Ese creyente no es salvo o se denomina cristiano por las obras que hace, sino que las obras reflejan la realidad de la salvación. Por lo tanto, para poder entender y transitar los temas de conciencia, el entendimiento de la justificación por fe es crucial en la vida del creyente. De no ser así, será imposible aplicar este tema de una forma que glorifique a Dios y beneficie a la iglesia.

Es de suprema importancia que creamos que somos libres de los requisitos de la ley. Esto es una parte esencial del mensaje bíblico. Dios nos salva y nos liberta de los requerimientos de la ley para luego permitirnos en libertad someternos a Él. La ley está en la Biblia para mostrarnos nuestro pecado y, como dice Pablo, «la ley vino a ser nuestro guía encargado de conducirnos a Cristo, para que fuéramos justificados por la fe» (Gál. 3:24, NVI), pero no tiene el poder para transformarnos. Los mandamientos solo te muestran que has quebrantado la ley y que, finalmente, no puedes obedecerla a la perfección. Por eso Cristo viene para liberarnos de la condenación de la ley. Vemos esto claramente en el libro de los Hechos, donde los judíos querían imponer requisitos de la ley a creyentes gentiles. La conclusión a la que la iglesia llega es expresada por Pedro con las siguientes palabras:

Ahora pues, ¿por qué tentáis a Dios poniendo sobre el cuello de los discípulos un yugo que ni nuestros padres ni nosotros hemos podido llevar? Creemos más bien que somos salvos por la gracia del Señor Jesús, de la misma manera que ellos también lo son. (Hech. 15:10-11)

La conclusión es que la salvación es por gracia, por fe y no por obras (Ef. 2:8-9). Cristo cumplió los requisitos de la ley a la perfección y, por esa razón, los creyentes no tienen que cumplirla (Mat. 5:17). Esa es la libertad que se fundamenta en el evangelio y nos da el privilegio de saber que nuestro pecado ya no es contado contra nosotros; somos salvos por la obra de Cristo y no por nuestras obras.

Es interesante notar que, como parte de las conclusiones del Concilio de Jerusalén, los cristianos judíos pidieron a los cristianos gentiles que guardaran cierta conducta. ¿Eso estaba anulando la libertad recién proclamada en Cristo? ¿Estaban los cristianos judíos restringiendo la libertad de estos creyentes gentiles? La respuesta es no, porque lo que se les decía a los creyentes gentiles era que la libertad que experimentaban incluía la posibilidad de servir libremente a otros creyentes sin desconocer sus sensibilidades particulares. Esto también es verdadera libertad: poder renunciar libremente a derechos genuinos para servir a otros porque, como Cristo cumplió los requisitos de acciones, somos libres para servir a otros sin la necesidad de hacerlo para ser aceptados por Dios.

Es importante expandir y profundizar un poco más este concepto porque es de suma importancia. Toda obediencia que no nace de la realidad de que somos libres de los requisitos de la ley no es obediencia, sino que es un intento de ganar nuestra salvación por medio de nuestras obras. Sin embargo, cuando sabemos que la ley ya fue cumplida por Cristo, que somos justificados y declarados santos por la obra de la cruz, entonces ya somos verdaderamente libres para obedecer; pero no para ganar algo, sino en la libertad bíblica y más gloriosa de reflejar el carácter de Dios impulsados por el poder del evangelio. Es fundamental que entiendas que si tú haces algo para ganar algo, entonces no lo haces libremente, sino que lo haces para obtener un beneficio. Pero cuando lo haces sin que esté atado a algún beneficio, se trata de un acto enteramente libre.

Usaré el ejemplo de la libertad religiosa para ilustrar el fundamento de lo que estamos hablando. Un país totalitario que demanda lealtad a cierta religión oficial bajo amenaza de cárcel o muerte para los que no la practican nunca sabrá si las personas que obedecen la orden lo hacen de corazón, a regañadientes o simplemente para guardar las apariencias. Por eso los cristianos creemos en la libertad religiosa, porque un creyente coaccionado no es un verdadero creyente. Contrario a un régimen totalitario, una sociedad que garantiza la libertad religiosa entre sus ciudadanos fomenta un ambiente de libertad en donde se pueden producir verdaderas conversiones. Esto se debe a que es posible practicar una fe libremente y sin temor a la coacción. Los cristianos somos realmente libres por la obra de Cristo; ningún acto de obediencia personal nos hace cristianos.

La Biblia nos muestra que los actos de redención de Dios en la historia dan libertad a Su pueblo. Esta libertad no es irrestricta ni tampoco es un permiso para actuar como mejor nos place, sino que se trata de la oportunidad para poder servir libremente a un Señor bondadoso que nos ha liberado de la esclavitud del pecado. Este acto de liberación se observa en el Antiguo Testamento de forma majestuosa en el éxodo. Dios libera a Su pueblo de la esclavitud de Faraón. Esta liberación presenta a este nuevo Señor bondadoso, quien pide que la nueva libertad sea correspondida con lealtad. La liberación obtenida por Dios a favor de Su pueblo es el glorioso fundamento de la hermosura de los Diez Mandamientos, que son la guía amorosa de un Señor que acaba de otorgar libertad por Su inmenso poder a un pueblo esclavizado e impotente de alcanzar su propia libertad.

Y habló Dios todas estas palabras, diciendo:
Yo soy el Señor tu Dios, que te saqué de la tierra de Egipto, de la casa de servidumbre.
No tendrás otros dioses delante de mí. (Ex. 20:1-3)

Dios les recuerda su nueva identidad antes de darles los mandamientos. Ya no son esclavos, ahora son libres. La pregunta que se puede hacer en ese momento es: «Y ahora, ¿qué hacemos con esta libertad?».

Dios les entrega un código moral que les permita reflejar su identidad de pueblo liberado y su alianza con su nuevo Señor. Al contrario de Faraón, que coaccionaba la lealtad del pueblo de Dios, Dios liberta a Su pueblo con Su poder soberano para que el pueblo, de forma voluntaria, le rinda adoración. El gran problema del pueblo de Israel fue que no pudo usar esa libertad para servir a Dios porque permaneció en las obras de la ley y no confió por fe en la obra de Dios a su favor. El apóstol Pablo lo explica de la siguiente manera:

Porque todos los que son de las obras de la ley están bajo maldición, pues escrito está: MALDITO TODO EL QUE NO PERMANECE EN TODAS LAS COSAS ESCRITAS EN EL LIBRO DE LA LEY, PARA HACERLAS. Y que nadie es justificado ante Dios por la ley es evidente, porque EL JUSTO VIVIRÁ POR LA FE. (Gál. 3:10-11)

El principio de liberación es observado en el Nuevo Testamento a través del gran acto de redención de la humanidad. La cruz de Cristo y Su victoria sobre la muerte trajo libertad para aquellos por los cuales murió nuestro Señor. Este acto de liberación cumple los requisitos de la ley y nos hace libres para así obedecer a Dios sin la necesidad de depender de nuestras obras para obtener la redención. Cristo no solo nos libertó de la ley en la cruz, sino que también venció todo ídolo que nos esclavizaba; por ende, nos dio libertad para no ser idólatras al momento de hacer actos bondadosos. Ya somos redimidos y podemos funcionar en la realidad de que somos libres.

Llevad los unos las cargas de los otros, y cumplid así la ley de Cristo. (Gál. 6:2)

Vemos que la realidad del evangelio nos muestra que, bajo la ley de Cristo, somos libres para servir. El contexto de Gálatas es el énfasis de los judaizantes de permanecer en la búsqueda de la justificación en las obras de la ley. Pero se trata de un yugo esclavizante que, como vimos en el Concilio de Jerusalén (Hech. 15), ni los antepasados judíos pudieron cumplir. En Cristo, somos libres y en la ley de Cristo podemos cumplir sin ser coaccionados. Esa libertad permite que obedezcamos en verdadera libertad. Ya no estamos bajo la ley que nos mostraba que no éramos capaces de obedecer todo requisito de Dios, sino que ahora, en Cristo, nos libera para vivir en una ley que es una carga más ligera.

Esta libertad en Cristo es la que permite que el Nuevo Testamento incluya el tema de la libertad de conciencia. Ese es su fundamento radical y necesario. Ya que no tenemos que obedecer la ley, porque nuestras obras no nos salvan, entonces podemos en verdadera libertad disfrutar de amplios aspectos de la creación sin el temor de no violentar nuestra lealtad a Dios.

El punto que deseo enfatizar es que sin la libertad que Cristo nos da en la cruz, no hay posibilidad alguna de libertad de conciencia. Solo por medio del evangelio es que podemos considerar el tema de la conciencia y las libertades cristianas. Como lo dije al inicio, sin el evangelio vamos a terminar en legalismo o antinomianismo. Pero en Cristo, tenemos la verdadera esperanza de poder navegar este complicado tema, porque ¡somos libres! En Cristo, sabemos que las convicciones bíblicas que observemos no nos salvan, pero también entendemos que Cristo nos salvó para servirlo con absoluta libertad y aun rendirle nuestra libertad cuando fuera necesario.

Por lo tanto, sin el fundamento del evangelio, sería muy peligroso comenzar a navegar las libertades cristianas. El resultado sería devastador, porque solo el evangelio permite someter nuestra conciencia con libertad a la Palabra de Dios. Quiero animarte a que, si no tienes un entendimiento robusto de la gracia de Dios manifestada en la persona y la obra de Cristo, entonces dediques el tiempo que sea necesario para meditar en el evangelio antes de continuar estudiando el tema de la conciencia.

Si tienes la tendencia a confiar en tus obras para obtener o sentirte seguro de tu salvación, arrepiéntete y confía plenamente en la obra de Cristo. Si no lo haces, existe la posibilidad de que uses tus convicciones para enseñorearte de otros, mostrando que te consideras superior o más piadoso que los demás. Por otro lado, si tu tendencia es a abusar de la gracia, pensando que puedes vivir como quieras solo porque la gracia de Dios es abundante, esto solo quiere decir que no has entendido la gracia bíblica.

La gracia salvadora ofrecida por el evangelio es una gracia que trasforma. Te animo a que medites en la cruz y la realidad de que cada pecado tuyo puso a Cristo en la cruz. Este pensamiento esclarecedor te protegerá de no usar las libertades cristianas como una excusa para pecar. No usarás tus libertades para burlarte de aquellos que consideras «santurrones», sino que estarás dispuesto a morir a tus libertades para servir y amar a otros.

En conclusión, sin un conocimiento profundo del evangelio, pero más aún, sin un convencimiento de la libertad que tenemos en el Señor Jesucristo mismo, el solo considerar los aspectos de conciencia sería un ejercicio inútil e infructuoso. Sería tratar de elevar una estructura sin el debido fundamento. Simplemente no será estable, no podrá ser usada, nuestras vidas correrán peligro porque se derrumbará tarde o temprano. De la misma forma, caminar como creyentes explorando las libertades que tenemos sin entender claramente el evangelio en todas sus dimensiones nos llevará a vivir una vida cristiana que se moverá de forma pendular entre religiosa y mundana.

Abracemos la libertad que tenemos en el evangelio de Jesucristo, el cual nos lleva a vivir para la gloria de Dios y nos impulsa a usar las libertades que tenemos para servir a nuestro Redentor y no para alimentar las obras de la carne.

Así que, si el Hijo os hace libres, seréis realmente libres. (Juan 8:36)

Capítulo 2

La conciencia y la dirección de Dios

Hay temas que pensamos que conocemos porque estamos familiarizados con algunos términos relacionados con esos tópicos y se usan con regularidad en la sociedad. Solemos repetir términos desde la niñez sin nunca preguntarnos qué significan en realidad. Tenemos una idea básica, pero muy superficial, debido a que el contexto en que se usa la palabra nos hace pensar que la entendemos bien. Por ejemplo, en política, hablamos de liberales y conservadores, pero pienso que muy pocas personas entienden realmente la definición de esos términos. En el mismo sentido, los cristianos usamos términos como «reformado» o «arminiano», pero muy pocos podrían dar una explicación más o menos detallada de lo que estos términos traen consigo.

El tema de la conciencia cae dentro de la categoría de términos muy conocidos pero muy poco entendidos. Muchas personas usan la palabra con bastante frecuencia, aunque no entienden realmente su significado e importancia, no tan solo en el contexto cristiano, sino en la cultura en general. Una de las razones principales por la que estoy escribiendo sobre este tema es porque creo que es de vital importancia que sea bien entendido entre creyentes.

Una visión nublada del tema de la conciencia oscurece la capacidad para entender y apreciar el verdadero evangelio. Por otro lado, nos evitaremos muchas de las tensiones relacionales que experimentamos en el cristianismo moderno cuando los creyentes entienden y aplican este tema de forma correcta. Tengo la convicción de que el pasaje que menos se utiliza en el tema de la conciencia es el que más ayudaría a muchas personas en su caminar como creyentes. Me estoy refiriendo al capítulo 14 de la carta del apóstol Pablo a los romanos. Si entendiéramos a cabalidad lo que el Señor nos enseña allí, entonces tendríamos la comprensión necesaria para saber cómo navegar por temas de conciencia que permitiría que afiancemos el evangelio en nuestro día a día.

El tema de la conciencia ha capturado mi vida por los últimos dieciséis años. He meditado horas incalculables en profundizar en este tema desde que mi llamado a pastor fue confirmado. He leído cuanto libro he podido sobre el tema. He meditado mucho en el tema debido a la manipulación que pude observar en pastores con respecto a temas de conciencia y la dejadez de los creyentes al abusar de sus libertades.

Quisiera dejar en claro, en primer lugar, lo que no es la conciencia. No se trata de voces internas que compiten por guiar nuestra voluntad. No es el ángel y el demonio que están batallando por darnos dirección o información falsa al momento de tomar una decisión. La conciencia tampoco es una alarma de emergencia que solamente es necesaria en ciertas ocasiones y permanece apagada el resto del tiempo. La conciencia bíblica no tiene que ver con las conclusiones a las que llegamos producto de opiniones personales y nuestro propio entendimiento. Nunca deberíamos hablar de nuestra conciencia con la frase «yo creo». Las Escrituras señalan con absoluta claridad que una conciencia formada por opiniones personales es simplemente guiada por un corazón engañoso (Jer. 17:9).

> Pues aunque conocían a Dios, no le honraron como a Dios ni le dieron gracias, sino que se hicieron vanos en sus razonamientos y su necio corazón fue entenebrecido. (Rom. 1:21)

Es también muy importante que el tema de la conciencia no sea usado como una forma para justificar nuestras acciones, como algunas veces se usa en círculos cristianos. Esta aproximación equivocada puede llevar a consecuencias nefastas, donde en realidad la conciencia se endurece y se puede terminar negando verdades evidentes de la Palabra de Dios.

Muchos en la actualidad usan la palabra «conciencia» como un permiso para hacer lo que desean. Dentro de la cultura cristiana, se produjo una reacción luego de los abusos del legalismo y el término conciencia se usa muchas veces básicamente para que las personas puedan zafarse del sometimiento al señorío de Cristo. Jovencitas se visten sin modestia en nombre de la conciencia. Los muchachos desperdician sus vidas invirtiendo cantidades obscenas de tiempo jugando videojuegos o practicando un deporte en el día del Señor en nombre de la libertad de conciencia.

Paso a entregarles mi definición de conciencia, no sin antes afirmar que soy muy cuidadoso de no cometer plagio, porque mi conciencia es muy sensible con este tema. Esto significa que la definición a continuación no es por completo inédita o de mi autoría, ya que he sido influenciado por muchos que han escrito de este tema. La definición que voy a entregar a continuación es el resultado de la meditación de muchos años en este tema.

La **conciencia** es parte integral del alma del ser humano y viene a ser el lugar en donde los sistemas de valores son almacenados para guiar las decisiones morales del individuo.

La Palabra de Dios afirma que cada ser humano cuenta con una conciencia que debe informarnos para distinguir entre el bien y el mal. Por un lado, es posible que la conciencia sea edificada por medio de sistemas de valores contrarios a la Palabra de Dios. Por otro lado, podemos edificar la conciencia, cuando permitimos que sea informada por la ley natural y, más importante, por la Palabra de Dios.

Solo por medio de la renovación de la mente por la Palabra de Dios es que el ser humano regenerado tiene la capacidad de edificar una conciencia que sabe distinguir entre el bien y el mal para la gloria de Dios. Esto no quiere decir que personas no regeneradas no puedan distinguir entre lo malvado y lo bondadoso, solo que sin la regeneración, es imposible hacerlo para la gloria de Dios.

LA BIBLIA Y LA LEY NATURAL: LOS MEDIOS PARA INFORMAR LA CONCIENCIA

Los que tienen hijos pueden reconocer que hay aspectos de valores que están establecidos de forma natural en sus conciencias desde una edad muy temprana. Son incontables las ocasiones en las que descubrí a mis hijos haciendo cosas incorrectas que ellos reconocían como malas, aunque nosotros nunca les habíamos enseñado con respecto a ellas. Esto es un aspecto de lo que en teología se conoce como «gracia común»; es decir, la sensibilidad otorgada por Dios que permite distinguir entre el bien y el mal a algunos desde el nacimiento. He dicho *a algunos* porque hay niños que son más dados a obedecer de forma natural, mientras que otros son más reacios y su inclinación al mal es más evidente. Esta simple observación nos demuestra que dejar que nuestras conciencias sean informadas por nosotros mismos no es algo confiable y tendrá resultados mixtos. Todo ser humano debe construir una conciencia sensible a lo que es correcto e incorrecto y tomar decisiones morales basadas en lo que señale su conciencia informada.

¿Qué debe informar la conciencia del ser humano?

La fuente principal para informar nuestras conciencias debe ser la Palabra inspirada de Dios. Si nuestra conciencia no es informada, instruida y dirigida por Dios, entonces no existe una autoridad moral absoluta a la que rindamos cuenta. Por lo tanto, la conciencia no tendrá un fundamento realmente firme y será maleable conforme a la conveniencia, y susceptible a la subjetividad moral y las presiones de las circunstancias y la cultura circundante.

Pues su divino poder nos ha concedido todo cuanto concierne a la vida y a la piedad, mediante el verdadero conocimiento de aquel que nos llamó por su gloria y excelencia, por medio de las cuales nos ha concedido sus preciosas y maravillosas promesas, a fin de que por ellas lleguéis a ser partícipes de la naturaleza divina, habiendo escapado de la corrupción que hay en el mundo por causa de la concupiscencia. (2 Ped. 1:3-4)

Pedro nos dice que Dios nos ha dado todo lo que necesitamos para vivir y para actuar de forma piadosa. Actuar de forma piadosa es tener una conducta que refleja la santidad de Dios. Lo que permite que podamos gozar de una vida y piedad que glorifiquen a Dios está en el conocimiento de Dios. Este conocimiento tiene como fundamento las promesas divinas que nos permiten participar de la naturaleza divina (piedad) y nos libra de actuar de forma malvada (concupiscencia). El lugar donde se obtiene este conocimiento es la Biblia. El apóstol Pablo afirma que es la Palabra de Dios la que nos equipa para buenas obras (2 Tim. 3:16-17). Somos capaces de hacer buenas obras cuando la Palabra de Dios informa nuestras conciencias para que actuemos piadosamente.

Porque la palabra de Dios es viva y eficaz, y más cortante que cualquier espada de dos filos; penetra hasta la división del alma y del espíritu, de las coyunturas y los tuétanos, y es poderosa para discernir los pensamientos y las intenciones del corazón. Y no hay cosa creada oculta a su vista, sino que todas las cosas están al descubierto y desnudas ante los ojos de aquel a quien tenemos que dar cuenta. (Heb. 4:12-13)

El autor de Hebreos nos muestra que la Palabra de Dios es poderosa para darnos la capacidad de discernir nuestros pensamientos e intenciones. El discernimiento no es un súper poder para algunos seres especiales, sino que se trata de la capacidad resultante de una conciencia informada por la Palabra de Dios que permite distinguir entre lo bueno y lo malo. Todos tenemos amigos con sabiduría que viven vidas que glorifican a Dios. Eso no es coincidencia o un conjuro mágico en sus vidas, sino que es el resultado de conciencias informadas por la Palabra de Dios.

Por otro lado, Pablo nos muestra que nuestra conciencia puede ser informada por la revelación común o general, como se denomina en teología, que encontramos en la naturaleza. Los teólogos distinguen entre revelación general y revelación específica.

Porque lo que se conoce acerca de Dios es evidente dentro de ellos, pues Dios se lo hizo evidente. Porque desde la creación del mundo, sus atributos invisibles, su eterno poder y divinidad, se han visto con toda claridad, siendo entendidos por medio de lo creado, de manera que no tienen excusa. Pues aunque conocían a Dios, no le honraron como a Dios ni le dieron gracias, sino que se hicieron vanos en sus razonamientos y su necio corazón fue entenebrecido. (Rom. 1:19-21)

Este pasaje nos presenta varios aspectos muy interesantes con respecto al conocimiento de Dios. En primer lugar, es evidente el conocimiento de Dios dentro del ser humano. Dios nos creó con un conocimiento intrínseco de lo divino; es decir, todo ser humano sabe dentro de sí que hay un Dios que nos ha creado y al que rendiremos cuenta. La creación muestra con suma claridad Sus atributos. Al descubrir que la creación no es un acto aleatorio, sino que tiene un diseño intencional, confirmamos que existe un Dios glorioso, pródigo y bondadoso. La Palabra dice con claridad que, de alguna manera, el ser humano conocía a Dios, pero producto del pecado, no lo honró como Creador y Señor. Lo que el pasaje enfatiza es que hay suficiente información, aun sin la revelación específica de la Biblia, como para saber que hay un Dios y que, como consecuencia, incluso la naturaleza nos muestra algún tipo de guías éticas y morales.

Por ejemplo, el primer capítulo de Romanos nos muestra que la ética sexual es simplemente clara por medio de la ley natural. El texto demuestra de forma específica que la homosexualidad es una manifestación de la dureza de conciencia, ya que claramente se trata de algo contrario a la ética natural y, por ende, a la ética bíblica.

Y de la misma manera también los hombres, abandonando el uso natural de la mujer, se encendieron en su lujuria unos con otros, cometiendo hechos vergonzosos hombres con hombres, y recibiendo en sí mismos el castigo correspondiente a su extravío. (Rom. 1:27)

Es evidente que no necesitamos de la revelación especial de la Biblia para saber que dos hombres cometiendo actos contra la naturaleza es algo incorrecto. Consideramos este acto como una aberración; es decir, como un acto que se aparta de su constitución original y que debería ser evidente para todos. La ley natural muestra que Dios no diseñó la fisionomía humana para que dos hombres tengan relaciones sexuales. Solo la ley natural es necesaria para mostrarnos que hay serias consecuencias fisiológicas cuando se participa en este tipo de acto. Por lo tanto, podemos concluir que participar o afirmar este tipo de comportamiento es desinformar la conciencia y apartarla de aquello que la revelación general confirma con claridad.

Podemos concluir en este punto en que la conciencia requiere de ser informada correctamente para llegar a ser confiable. La manera de informar la conciencia es por medio de la meditación de la verdad bíblica y la ley natural para poder alcanzar convicciones que concuerden con una ética consistente con aquello que Dios propone al ser humano en las Escrituras. Cuando nuestra conciencia está informada por las fuentes correctas, entonces podremos tomar decisiones bajo la convicción de que estamos alineados con la voluntad de Dios. En cierta forma, podemos decir que hemos escuchado a Dios, porque una conciencia informada por las Escrituras es, finalmente, Dios hablando al creyente.

LA CONCIENCIA Y ESCUCHAR LA VOZ DE DIOS

Un correcto entendimiento de las decisiones de conciencia se da cuando fomentamos convicciones basadas en verdades bíblicas que podrían aun diferir a las de otros hermanos. Este es un tema completamente olvidado y que ha sido parte de la tradición cristiana por centurias y que alguna vez fue uno de sus pilares. Uno de los problemas principales de esta negligencia es que hemos olvidado la importancia de escuchar la voz de Dios como iglesia. Por un lado, algunos igualan cualquier pensamiento que les pasa por la mente con la voz de Dios. Por otro lado, para otros, tomar decisiones es un mero ejercicio intelectual. Sin embargo, la historia de la iglesia nos presenta a hombres de Dios que, informados por la Palabra, eran sensibles a la dirección de Dios incluso sobre temas donde la Biblia no habla de forma categórica.

Podemos discernir la voluntad de Dios en temas que no son muy claros o donde la Biblia no habla de forma definitiva cuando nos hemos dedicado a cultivar una conciencia sensible para obedecer a Dios en situaciones o frente a ideas que no son muy claras. Lo que quiero decir es que, si supiéramos cómo nuestro espíritu reacciona cuando contristamos al Espíritu Santo en aspectos claros de obediencia, entonces seríamos impelidos por nuestra conciencia a agradar y glorificar a Dios con nuestras decisiones. Por ejemplo, si enfrentamos nuestra conciencia a una mentira, esta debe dejarnos saber que esto está mal y nuestro espíritu responder a la tristeza del Espíritu Santo. Podemos discernir si estamos siendo guiados por el Espíritu de Dios en decisiones como con quién me voy a casar, si debo cambiar de trabajo o si debo ser misionero. Pero esta sensibilidad no es automática ni misteriosa, sino que se cultiva en una vida que busca la guía de Dios en las decisiones que nos son oscuras.

Vemos cómo Pablo sale de Antioquía y constantemente es guiado por el Espíritu (Hech. 13). Lucas relata que el Espíritu Santo le impidió a Pablo ir a Asia (Hech. 16). ¿Cómo se lo impidió? Estoy convencido de que Pablo tenía una conciencia sensible a la dirección del Espíritu Santo debido a su sometimiento informado en las cosas que son claras en la revelación de Dios. Por ejemplo, vemos que no sale como misionero hasta que los ancianos en autoridad lo envían (Hech. 13). Por lo tanto, Pablo podría discernir más adelante que la decisión que había tomado de entrar en Asia estaría entristeciendo al Espíritu Santo, mientras que después el Espíritu Santo lo dirigiría claramente hacia Macedonia.

NO IR EN CONTRA DE LA CONCIENCIA

Quisiera terminar este capítulo dejando muy en claro que la conciencia no es algo con lo que debemos jugar. Como dijo Lutero muy claramente en la Dieta de Worms: no es saludable ir en contra de la conciencia. Nunca debemos insistir en conductas que sabemos con claridad que son contrarias a la dirección de Dios. Persistir en esa conducta endurecerá la conciencia y nos pondrá en peligro. Una conciencia endurecida es una en la que sus valores ya no están informados por la Palabra de Dios, sino que usualmente está informada por filosofías o pensamientos humanos populares o culturalmente aceptados, hasta el punto en que se vuelve incapaz de responder correctamente en momentos que requieren una respuesta correcta a circunstancias éticas. Por ejemplo, yo pregunto: ¿Cómo puede el ser humano justificar el asesinato de niños en el vientre? El apóstol Pablo responde con claridad cuando dice que la raíz para tomar una decisión tan equivocada es haber cambiado la verdad de Dios por la mentira, al escuchar voces contrarias a la revelación natural y especial de Dios.

Espero que este capítulo haya servido para que podamos tener una visión clara de qué es la conciencia y cuál es su propósito en la vida del creyente. Para nosotros, es vital que nuestra conciencia esté constantemente informada por la Palabra de Dios. Es sumamente peligroso pensar que la conciencia es autodidacta, porque pierde su brújula y se convierte simplemente en un aprobador de nuestros propios deseos y opiniones. Por el contrario, una conciencia saludable y útil es robustecida por medio de la revelación divina de Dios en Su

Palaba. Una conciencia que actúa contra la Palabra de Dios es una conciencia que se niega a escuchar la voz divina y, por lo tanto, se endurece y pierde toda sensibilidad espiritual. Cuando nuestra conciencia es guiada por la Palabra de Dios, podemos decir que actuamos con la dirección de Dios.

Capítulo 3

La conciencia:
Argumento bíblico

Tengo la profunda convicción de que los cristianos necesitamos algo así como una caja de herramientas que cuente con los instrumentos necesarios para aplicar la Biblia con precisión en los momentos adecuados. La Palabra nos dice que la vida del creyente mantiene una lucha permanente que se batalla en la mente y necesitamos renovarla por medio de verdades bíblicas que son poderosas para mantenernos en el camino correcto.

… sino transformaos mediante la renovación de vuestra mente, para que verifiquéis cuál es la voluntad de Dios: lo que es bueno, aceptable y perfecto. (Rom. 12:2)

Pablo nos está diciendo que debemos identificar verdades bíblicas que nos ayuden a navegar a través de las diferentes áreas y circunstancias de nuestras vidas. Por ejemplo, como pastor, necesito estar muy familiarizado con los textos relevantes para esta tarea (Hech. 6; 1 y 2 Tim.; Tito y 1 Ped. 5). También soy padre y debo estar familiarizado con otro grupo de pasajes (Deut. 6; Col. 3; Ef. 6 y el libro de Proverbios). Como esposo, debo tener en cuenta las enseñanzas relacionadas con el matrimonio (Ef. 5; Fil. 2; 1 Ped. 3). Esta búsqueda de verdades bíblicas no solo está relacionada con nuestra vida pública, sino también con nuestro ser interior. Por ejemplo, una de mis luchas principales es con el pecado del orgullo, que se manifiesta con un falso sentido de superioridad. Por lo tanto, siempre tengo muy cerca en mi «caja de herramientas» el texto de 1 Corintios 1:26-31. Existe la necesidad constante de tener presentes los pasajes bíblicos que hablan sobre la conciencia porque lidiamos con mucha frecuencia con decisiones de esta índole. Eso me obliga a tener la data bíblica necesaria para poder aplicar de forma correcta las verdades que dirigen la ética y la moral en un área tan importante de nuestras vidas como cristianos. Si la mayoría de nuestras decisiones del diario vivir están en el ámbito de la conciencia, entonces es de suma importancia que sepamos cómo tomarlas con una sabiduría que honre las Escrituras, dé gloria a Dios y refleje la libertad que hemos obtenido por medio del evangelio.

La importancia del tema de la conciencia no es algo nuevo producto de nuestros tiempos. Este tema fue crucial durante el tiempo de la Reforma. Una de las mayores distinciones para los reformadores era la identificación de aspectos que la Iglesia católica catalogaba como dogma y que para ellos eran aspectos de conciencia. Lutero no podía renunciar a sus tesis debido a que su conciencia le dictaba que el papa no tenía autoridad en su vida y no había sido convencido por la Palabra de Dios para pensar lo contrario. El reformador no se movió de su posición porque entendía cómo operaba la conciencia, debido a que conocía la enseñanza bíblica en esa área.

Esa preocupación por los temas de conciencia creó un espacio importante que permitió experimentar y disfrutar de la gracia común sin generar un sentido de culpa, tal como era hasta ese momento. Se entiende la gracia común como el poder de disfrutar de los regalos que Dios da por medio de la creación y que traen satisfacción al ser humano. Son regalos de Dios que pueden ser usados para el disfrute del creyente y la gloria de Dios, aunque también pueden convertirse en ídolos producto de la pecaminosidad humana. Debido a la propensión humana hacia la idolatría, las personas pueden ponerlos en la categoría de pecado, cuando en realidad no lo son en su esencia. Por lo tanto, es de suma importancia que los creyentes tengan claridad con respecto a este tema para evitar catalogar aspectos de la gracia común como pecado o juzgar a personas que disfrutan dentro de áreas de gracia común, pero que, por razones de conciencia, otras personas no practicarían.

Estoy casi seguro de que si les pregunto cuántos sermones o clases hemos escuchado sobre la conciencia, responderán que son muy pocos o quizás ninguno. Creo que es un tema de gran importancia que ha sido olvidado por la iglesia y que necesita de atención urgente debido a las implicaciones éticas y morales que tiene en la vida diaria del creyente. Es posible que ese vacío nos haga observar una iglesia que no sabe cómo navegar la ética durante un tiempo de pandemia porque no entiende qué es la conciencia y cómo se deben tomar decisiones cuando hay diferencia de opiniones en aspectos donde se puede diferenciar.

En el terreno personal, también la falta de un entendimiento claro de la conciencia crea enormes dificultades. Como pastor, he sido testigo de la forma en que las personas usan la manipulación o la generación de culpa para que otros hagan lo que ellas desean. Otros se esconden bajo un supuesto manto de indiferencia para terminar haciendo simplemente lo que les place. Esto es realmente preocupante por las consecuencias funestas que este tipo de respuesta a la conciencia trae consigo. Por eso tomaré este capítulo para reflexionar en los textos más relevantes de este importante tema. Si creemos en la doctrina de *Soli Deo Gloria*, donde todo lo que hacemos lo hacemos para la gloria de Dios y delante de la presencia de Dios, entonces entender los aspectos de conciencia es vital para honrar esa declaración sublime de reconocimiento del Señor. Solamente informando nuestras conciencias con la Palabra de Dios podremos obtener la certeza de que lo que estamos haciendo —ya sea trabajar, estudiar, comer, beber o cualquier otra cosa trivial o sustancial que estemos haciendo— lo hacemos para la gloria de Dios.

ROMANOS 14

Este pasaje es el corazón y presenta el argumento más robusto con respecto a los aspectos relacionados con el tema de la conciencia.

Los primeros once capítulos de la carta a los romanos presentan el argumento sobre la exclusividad del evangelio para salvar a los pecadores por medio de la justificación por fe. Pablo desarrolla la parte ética de la carta desde el capítulo 12 en adelante y lo primero que nos enseña es que la renovación de la mente es de vital importancia para ser adoradores con un culto racional a Dios (Rom. 12:1-2). Pablo habla sobre el sometimiento a las autoridades civiles en el capítulo 13. Esto tiene mucho sentido debido a que los creyentes en ese momento estaban desobedeciendo a las autoridades al congregarse cada domingo.

Como es de conocimiento general, el Imperio romano controlaba la práctica de culto y solo religiones aprobadas podían rendir culto a sus dioses. El cristianismo era una secta del judaísmo que no solamente tenía un solo Dios, sino también un Rey que está vivo y tiene cuerpo humano. Rendir culto a este Jesús resucitado era contrario a la demanda de rendir culto a César; por ende, congregarse era un acto de desobediencia civil a las autoridades romanas. Pablo les está enseñando que esa desobediencia particular a las autoridades no debería extenderse a otros aspectos civiles de la relación individuo y estado. En cierta forma, Pablo está fortaleciendo las conciencias de los creyentes en Roma al instruir cómo se debe ver el sometimiento al estado a la luz de la libertad de culto que debemos expresar a pesar de los decretos del estado.

Pablo se dedica en el capítulo 14 a instruir de forma directa en cuanto a asuntos de conciencia. Usa los problemas relacionados con la comida para ilustrar la forma en que se deben procesar estos asuntos. La comida era un tema de mucha tensión entre los cristianos; en especial, entre los creyentes gentiles y judíos. Las leyes dietéticas y el consumo de carne sacrificada a los ídolos hacían que las sensibilidades de los creyentes fueran afectadas producto de las decisiones que otros estaban tomando con respecto a la ingesta de ciertos alimentos. Pablo comunica en los primeros versículos que estos aspectos no deben traer división entre los creyentes (vv. 1-6). Pablo admite que hay diferencias de conciencia entre los creyentes; llama a unos débiles y fuertes a otros. El apóstol muestra que las personas difieren por sus creencias particulares y llegan a diferentes conclusiones que los llevan a adorar a Dios por medio de lo que comen o dejan de comer, o por el día que observan para adorar a Dios. Sin embargo, su enseñanza es clara porque afirma con precisión que no somos amos de nadie, sino siervos del Señor, y que no debemos menospreciar a los que difieren producto de sus creencias de conciencia.

Pablo demuestra cómo el evangelio informa estos actos de conciencia:

Porque ninguno de nosotros vive para sí mismo, y ninguno muere para sí mismo; pues si vivimos, para el Señor vivimos, y si morimos, para el Señor morimos; por tanto, ya sea que vivamos o que muramos, del Señor somos. (Rom. 14:7-8)

El principio es que no vivimos para nosotros, sino para el Señor. Esto quiere decir que cuando comemos, lo hacemos para Él; cuando guardamos un día, lo hacemos para Él. Entonces no intervenimos en estas decisiones de conciencia tomadas por otros porque ellos le pertenecen al Señor y no es a nosotros a quien buscan agradar. Pablo es aún más enfático cuando dice: «Porque para esto Cristo murió y resucitó, para ser Señor tanto de los muertos como de los vivos» (Rom. 14:9). En la vida y en la muerte, nuestra audiencia es Dios.

Estos textos deben producir un profundo efecto al mostrarnos que los temas de conciencia no son el resultado del temor al hombre, sino del temor a Dios. En los temas de conciencia, no debemos sentir que ofendemos a alguien con nuestras decisiones porque ellos deberían entender que nuestras acciones en estos temas le pertenecen al Señor. Se presentan muchos problemas cuando algunos desean convertirse en amos de otros al buscar imponer sus convicciones en aspectos de conciencia que son completamente abiertos a las creencias de cada persona.

Pablo nos dice que parte de la razón por la cual Cristo murió es para darnos libertar y, por ende, no debemos robarle o restringirle esa libertad provista por el Señor a otro creyente. El apóstol añade:

Pero tú, ¿por qué juzgas a tu hermano? O también, tú, ¿por qué menosprecias a tu hermano? Porque todos compareceremos ante el tribunal de Dios. (Rom. 14:10)

La exhortación es absolutamente clara: Nadie debe levantarse como tribunal de una persona y dictar veredictos en aspectos que están abiertos a la conciencia personal. Aquí recibimos un llamado al arrepentimiento que no podemos perder de vista. Cuando buscamos imponer nuestras convicciones personales de conciencia sobre otros, incluyendo al débil, estamos atacando la libertad del evangelio provista por Cristo mismo y le estamos diciendo a ese hermano que no viva para el Señor, sino que viva para complacernos a nosotros y no a su Señor. Este es un pecado muy común en las iglesias y que se manifiesta de manera especial en los líderes que capturan de forma inadecuada las conciencias de los hermanos que difirieren en áreas de la conciencia. El que tiene cierto conocimiento no debería de forzar al débil a igualar su conducta sin que antes entienda el argumento que sustenta o rechaza tal conducta.

> **No importa si uno come carne, producto de su conocimiento robusto de la verdad de Dios y el otro, legumbres. Lo que importa es que ambos lo hagan sometidos a Dios y para la gloria de Dios.**

Pablo hace una aseveración basada en el fundamento que ha establecido hasta el momento cuando dice:

> Por consiguiente, ya no nos juzguemos los unos a los otros, sino más bien decidid esto: no poner obstáculo o piedra de tropiezo al hermano. (Rom. 14:13)

No nos juzgamos porque le pertenecemos a Dios, sino que, por el contrario, deseamos servirnos unos a otros. Pablo no habla de juzgar como lo presenta la sociedad moderna. La Biblia señala con frecuencia que debemos pasar por algún tipo de juicio. Sin embargo, en este caso, Pablo no está hablando de juzgar un pecado o una acción pecaminosa, sino que se está refiriendo a juzgar a las personas por ejercer su libertad en aspectos de conciencia. Este versículo no ofrece una licencia para que algunos digan: «No me juzgues» cuando están cometiendo pecados serios contra Dios. Por el contrario, se trata de un llamado a evitar el juicio sobre aspectos en donde podemos diferir en nuestras prácticas debido a nuestras convicciones de conciencia para la gloria de Dios.

La forma mediante la cual podemos saber que no estamos juzgando a otros es cuando estamos dispuestos (a pesar de nuestros desacuerdos) a renunciar a nuestro derecho a practicar una convicción de conciencia para que el otro sea bendecido. En lugar de decirle: «Tú estás mal… deberías hacerlo como yo», podríamos decir: «Entiendo por qué lo haces diferente, déjame no tentarte y no poner tropiezo en esta área».

La convicción paulina es que nada en sí es inmundo (Rom. 14:14). Ya que todo fue creado por Dios, entonces, en su valor intrínseco, nada en sí mismo es pecaminoso. Pero si algunas personas piensan que algo es pecaminoso, entonces debemos evitar juzgarlas con rapidez y, por el contrario, debemos respetar su posición y apoyarlas al renunciar a nuestro derecho de beneficiarnos de este aspecto de la creación que nos permite nuestra conciencia delante de Dios.

Pablo continúa su larga reflexión con respecto a los temas de conciencia y ahora presenta un argumento en donde afirma que no vale la pena el disfrute de aspectos de la creación producto de la conciencia, pero que tienen como costo la afectación de la vida espiritual de un hermano (Rom. 14:15-19). Pablo afirma:

> Porque si por causa de la comida tu hermano se entristece, ya no andas conforme al amor… (Rom. 14:15a)

El principio del amor debe gobernar este tipo de interrelación que ocurre por desacuerdos de conciencia, en donde el principio que Pablo plantea es morir a nuestra libertad para servir al hermano débil.

Pablo hace una referencia al evangelio al decir: «No destruyas con la comida a aquel por quien Cristo murió» (Rom. 14:15b). Lo que Pablo está diciendo es que la práctica de las libertades de conciencia es importante, pero hay un principio superior:

¡Amar a nuestro hermano!

Desde el punto de vista ético, debemos observar que hay dos principios bíblicos que parecieran estar en desacuerdo. Por un lado, tenemos el poder para ejercer nuestra libertad comprada en la cruz y, por el otro, también estamos llamados a no afectar a un hermano por el que Cristo murió. Cuando nos enfrentamos a tal disyuntiva, debemos mirar cuál de los dos principios es de mayor urgencia o peso ético. Lo que la Palabra sí establece con suma claridad es que, en el caso de que nuestra libertad afecte a un hermano débil, debemos morir a nuestro privilegio para poder servir al hermano.

Es muy probable que te estés preguntando a quién podemos considerar exactamente como un hermano débil. Pablo menciona al inicio de su argumento que un hermano débil es aquel que se abstiene de ciertas conductas aceptables porque las considera pecaminosas en su conciencia.[3] Sería importante aclarar que estamos dispuestos a negarnos a nuestros derechos por el hermano débil, pero no por el hermano legalista. Hay una gran diferencia entre un hermano débil en su conciencia —quien por razón de una conducta que personalmente considera pecaminosa podría caer y regresar al mundo— y la actitud de un hermano legalista que considera como pecado una conducta que es parte de las libertades de conciencia de un creyente.

El hermano débil carece de conocimiento, y por eso su conciencia se ve afectada por lo que considera como una conducta pecaminosa, y su práctica por parte de otro hermano lo tentaría a regresar al mundo. Este hermano tiene la responsabilidad de informar su conciencia, pero mientras su conciencia no esté informada, el hermano fuerte se abstendrá de ejercer su libertad por amor a este hermano.

---

[3]Encontramos una mayor exposición de esto en 1 Corintios 8–10.

Se presenta un problema cuando no podemos diferenciar entre un hermano débil y uno legalista. Encontramos un ejemplo evidente de esta realidad en los problemas que Pablo enfrentó con respecto al tema de la circuncisión. Pablo circuncida a Timoteo para que no hubiera ningún obstáculo en la expansión del evangelio entre los judíos y también para que no fuera de tropiezo entre los hermanos de trasfondo judío, para quienes la circuncisión seguía siendo una práctica de fe importante para sus conciencias (Hech. 16:3). Sin embargo, Tito no fue obligado a circuncidarse porque tal demanda no tenía como propósito cuidar a hermanos débiles, sino que era un pedido de algunos legalistas que buscaban añadir obras a la salvación que Cristo completó en la cruz para hacernos libres de una vez y para siempre.

Estamos hablando de un asunto muy delicado que requiere de mucho discernimiento y prudencia. Tenemos que tener cuidado cuando les pedimos a personas que se abstengan de cierta conducta producto de su libertad de conciencia para demostrar amor a otros. Hay momentos en que negar nuestra libertad de conciencia puede ser una muestra de amor, pero existen otros momentos en que puede ser una afrenta contra el evangelio, al someternos a pedidos legalistas que solo buscan quebrantar las conciencias al añadir obras a la salvación por fe en la obra de Jesucristo.

Por lo tanto, Pablo ajusta el pedido de andar «conforme al amor» (Rom. 14:15) con el cuidado que debemos tener para que nadie hable mal de lo que nosotros afirmamos por convicción de conciencia como bueno (Rom. 14:16). Permitir que se llame pecado a algo que nuestra conciencia nos da la libertad de practicar es como crear un nuevo evangelio y nos hace caer en el legalismo que Pablo condenó en la iglesia de Galacia (Gál. 5:1-15).

Pablo continúa con su argumentación en Romanos. Ahora nos habla sobre lo que es realmente el reino de Dios: «Porque el reino de Dios no es comida ni bebida, sino justicia y paz y gozo en el Espíritu Santo» (Rom. 14:17). El gozo de la salvación, la paz de la justificación y la justicia que nos ha sido dada por parte de Cristo. Por lo tanto, no se trata de nuestras experiencias diarias, sino sobre

La conciencia cristiana

los beneficios del evangelio para los que fueron comprados a precio de sangre.

Las últimas palabras del apóstol en el capítulo resumen lo que ha argumentado (Rom. 14:18-23). El que sirve de esta forma a Cristo, tiene relación con Dios y los otros seres humanos. Podríamos preguntarnos: «¿De qué manera servimos a Cristo?». Amando al débil al negar nuestros derechos para que el otro se beneficie, pero también cuando no permitimos que se hable mal de las cosas que aprobamos como buenas. Ambos son de importancia, porque ambos afirman el evangelio.

Es de suma importancia que podamos discernir en qué momentos renunciamos a nuestros derechos y en cuáles momentos los defendemos. Finalmente, cuando estamos navegando estos aspectos complicados de las libertades de conciencia, solo la mutua edificación es el objetivo final. Habrá momentos en que morir a esas libertades será lo que edifica, pero habrá otros momentos en que defenderlas será lo más edificante.

Pablo es sumamente claro en su exhortación cuando dice:

No destruyas la obra de Dios por causa de la comida. En realidad, todas las cosas son limpias, pero son malas para el hombre que escandaliza a otro al comer. Es mejor no comer carne, ni beber vino, ni hacer nada en que tu hermano tropiece. (Rom. 14:20-21)

Pablo nos demuestra el principio de que hay cosas que en sí mismas no son malas, pero sí serán malas si producen que una persona piense que alguien está pecando. Por lo tanto, es mejor morir a una porción de comida que hacer tropezar a tu hermano. Nuevamente, tropezar no es que la persona te juzgue, eso es en realidad un juicio pecaminoso. Tropezar es que la manera de actuar de un hermano termina animándolo a regresar a conductas que lo pueden llevar a regresar a su condición de perdido. Lo que debemos evitar es que tu conducta se convierta en una excusa para el débil, en vez de un disfrute de la libertad en Cristo.

Pablo termina su argumento con una exhortación sumamente reveladora:

La fe que tú tienes, tenla conforme a tu propia convicción delante de Dios. Dichoso el que no se condena a sí mismo en lo que aprueba. Pero el que duda, si come se condena, porque no lo hace por fe; y todo lo que no procede de fe, es pecado. (Rom. 14:22-23)

Estos versículos de cierre son altamente ignorados, pero son muy importantes porque ayudan a entender cómo definir las convicciones en la vida del creyente. Muestran el pecado más prevalente que el creyente debe evitar a toda costa. El pecado no tiene que ver con comida o bebida, sino con las prácticas que realicemos en nuestras áreas de libertad, pero que carezcamos del convencimiento para ponerlas en práctica.

Cada uno debe tener su propia convicción y debe estar atento porque va a rendir cuenta delante de Dios de sus acciones. Es una bendición cuando hemos informado nuestras conciencias en aspectos de libertad y podemos estar tranquilos de nuestra decisión y acción delante de Dios. El «dichoso» refleja el gran beneficio de experimentar la libertad que nos da el evangelio al disfrutar de la toma de decisiones informadas que nos permiten presentarlas tranquilamente delante de Dios. Es una dicha no ser condenados y poder practicar las libertades de conciencia tal como Dios las diseñó por medio de la libertad del evangelio.

Muchas veces, experimento este tipo de bendición de una forma práctica a través de mi presupuesto. Lo preparamos en oración delante de Dios por medio de la guía de convicciones bíblicas de mayordomía. Primero, llenamos las categorías relacionadas con el diezmo y la generosidad, pasamos luego a las áreas de responsabilidad y finalmente llegamos a las áreas del disfrute. Cuando voy de vacaciones o salgo a cenar con mi familia, lo disfruto plenamente ya que sé que ese dinero fue designado con tal propósito por una conciencia informada que busca darle la gloria a Dios.

... el cual nos da abundantemente todas las cosas para que las disfrutemos. (1 Tim. 6:17b)

Este verano tuvimos como familia la oportunidad de visitar un hermoso país y disfruté ese viaje plenamente. Si alguien me juzga por eso, esa persona tendrá que rendir cuenta a Dios, pero en mi caso, tengo la conciencia tranquila porque apliqué principios bíblicos para tomar la decisión de realizar ese viaje con mi familia.

Pablo termina esta sección contrastando al que duda con el que tiene fe delante de Dios para tomar decisiones de conciencia. El que duda se condena cuando lo hace, mientras que el que lo hace por fe es dichoso. El término «fe» se interpreta como la convicción de que la decisión tomada está informada por la Palabra y afirmada por Dios al ser guiados por el Espíritu Santo. Por eso el apóstol termina con una aseveración bastante seria al afirmar que, si uno toma decisiones sin fe, eso es pecado. Pablo no señala que comer o no comer determinadas cosas es pecado, o que beber o no beber ciertas cosas es pecado; el pecado radica en hacerlo sin convicción.

Finalmente, este precioso capítulo de Romanos nos enseña que tenemos libertad de conciencia. Sin embargo, no usamos esa libertad para perjudicar a otros, pero eso no significa que no defendamos esa libertad si es que refleja más claramente el evangelio. La forma de honrar estos principios es informando a nuestras conciencias con la Palabra y así tener una fe que no nos haga dudar de lo que hemos aprobado y practicado.

1 Corintios 8

En este capítulo, Pablo continúa respondiendo las preguntas de la iglesia de Corinto y ahora trae a colación el tema de la carne sacrificada a los ídolos. Esta carne era vendida para consumo general y se sabía que era, en la mayoría de los casos, el sobrante de sacrificios a dioses paganos. El templo principal de Corinto era el templo a Afrodita, donde además de sacrificios de animales, se practicaban orgías en honor a esta diosa. Cientos de mujeres eran servidoras del templo y su forma de adoración era por medio de la prostitución idolátrica. Es fácil entender que, para muchos, comer carne de sacrificio los relacionaba directamente con las costumbres paganas del templo. En agosto de 2021, tuve la oportunidad de visitar las ruinas de la antigua ciudad de Corinto. Fue una experiencia que me abrió mucho los ojos para entender la influencia del templo de Afrodita en la cosmovisión de esta ciudad. Este templo se encontraba en el Acrocorinto, la acrópolis de esta ciudad. Una acrópolis es un punto alto donde templos a deidades eran levantados. El Acrocorinto era una de las acrópolis más prominentes de la antigua Grecia por su inmensa altura. Es una roca monolítica que permitía que el templo fuera visible desde cualquier punto de la ciudad. La inmoralidad sexual estaba como recordatorio constante a los habitantes y visitantes de esta ciudad.

Pablo comienza con mucha sabiduría y argumenta sobre la necesidad de tener conocimiento, pero que debe usarse de forma correcta. Es evidente que uno de los primeros resultados de nuestro conocimiento es que debe llevarnos a amar a otros, porque, de lo contrario, es un conocimiento perdido. Al final, la esencia de nuestro conocimiento se reduce a que amamos a Dios y Él nos conoce. El más importante conocimiento en nuestra vida es que Él nos conoce y nuestro Dios se ha dado a conocer en Jesucristo. Pablo contrasta al Dios que nos conoce con falsos ídolos. Ellos no son nada y, por ende, la carne que se sacrifica no les pertenece, sino que es del Señor. Es entonces factible poder alimentarse con ella sin mayores problemas.

Sin embargo, Pablo señala que no todos los creyentes tienen ese conocimiento y certeza (v. 7). Como consecuencia, sienten que están pecando cuando comen esa carne; en cierta forma, creen que están afirmando el culto a estos falsos ídolos. Pablo muestra algo que es de suma importancia al mostrar que la debilidad es producto de la ignorancia. Esto significa que ese creyente debe ser instruido y eso es lo que Pablo está haciendo. Esto me hace pensar que hay muchos debates cristianos sobre aspectos de conciencia que no deberían darse porque la solución para los problemas de la conciencia se puede resolver con conocimiento. Por lo tanto, los creyentes débiles necesitan toda la información posible para tomar las mejores decisiones e informar su conciencia con la verdad bíblica. Por ejemplo, es claro que tomar alcohol no es pecado desde una perspectiva bíblica, pero sí la embriaguez.[4] Entonces no debería existir controversia con respecto a este tema, el cual debería quedar restringido a una decisión individual.

Pablo añade: «Pero la comida no nos recomendará a Dios, pues ni somos menos si no comemos, ni somos más si comemos» (1 Cor. 8:8). El punto que resalta el apóstol es que no debemos poner nuestra identidad en la práctica de las libertades. No soy más espiritual si me abstengo de comer o más espiritual o aprobado por Dios si tengo el conocimiento y libre conciencia para comer sin problemas. Nuestra identidad no está allí, sino en que Cristo nos dio la libertad para ejercer nuestras libertades. Esto es importante recalcarlo porque muchos creyentes practican un cierto tipo de ascetismo como una forma de comunicar una mayor madurez espiritual o cercanía con Dios. Este texto separa por completo este tipo de práctica con la idea de que algún tipo de sacrificio al no participar de ciertas libertades me hace superior a otros.

Mas tened cuidado, no sea que esta vuestra libertad de alguna manera se convierta en piedra de tropiezo para el débil. Porque si alguno te ve a ti, que tienes conocimiento, sentado a la mesa de un templo de ídolos, ¿no será estimulada su conciencia, si él es débil, a comer lo sacrificado a los ídolos? Y por tu conocimiento se perderá el que es débil, el hermano por quien Cristo murió. Y así, al pecar contra los hermanos y herir su conciencia cuando ésta es débil, pecáis contra Cristo. Por consiguiente, si la comida hace que mi hermano tropiece, no comeré carne jamás, para no hacer tropezar a mi hermano. (1 Cor. 8:9-13)

El fuerte nunca debería usar su libertad, producto de su conocimiento, de una forma que haga pecar o tropezar al débil. Pablo presenta este

---

[4]Hablaré más en detalle sobre este tema en el capítulo 11.

concepto bajo la realidad de que somos parte del cuerpo de Cristo. Por lo tanto, ese contexto de hermandad y comunión fraterna en Cristo debe informar nuestras acciones con el débil. Si realizamos acciones que afectan la conciencia del débil, no solo pecamos contra ese hermano, dado que él es parte del cuerpo de Cristo; en realidad, pecamos contra Cristo mismo. La realidad de la obra de Cristo en nosotros anunciada en el evangelio es lo que nos permite morir a nosotros mismos para no pecar contra nuestro redentor al no amar al débil.

1 CORINTIOS 9: APLICACIÓN EN EL MINISTERIO DE PABLO

Pablo aplica las libertades cristianas en su ministerio. Él es libre de ser compensado por su trabajo ministerial, pero entrega ese derecho para el progreso del evangelio. Prioriza ganar al perdido en lugar de hacer uso de sus libertades. El centro de este capítulo está en las siguientes palabras:

> Porque aunque soy libre de todos, de todos me he hecho esclavo para ganar al mayor número posible. A los judíos me hice como judío, para poder ganar a los judíos. A los que están bajo la ley, como bajo la ley, aunque yo no estoy bajo la ley, para poder ganar a los que están bajo la ley. A los que están sin ley, como sin ley, aunque no estoy sin la ley de Dios, sino bajo la ley de Cristo, para poder ganar a los que están sin ley. A los débiles me hice débil, para ganar a los débiles. A todos me he hecho todo, para que por todos los medios salve a algunos. Y todo lo hago por amor del evangelio, para ser partícipe de él. (1 Cor. 9:19-23)

Pablo está comunicando que está dispuesto a hacerse débil con tal de ganar al que no es creyente. Está dispuesto a realizar acciones que sabe que no son compulsivas para agradar a Dios, de formas que él entiende que no son obligatorias para agradar a Dios; pero, con tal de que el mensaje del evangelio no sea afectado, decide morir a sus preferencias o derechos.

Yo solía vestir de forma muy informal al comienzo de mi ministerio. Entiendo que el estilo de vestimenta es un aspecto regido por la conciencia (siempre que sea con decoro) y que no hay un código de vestimenta establecido en la Biblia para predicar. He escuchado a personas decir que «uno se pone lo mejor para estar delante de Dios». Este argumento puede ayudar a la conciencia personal, pero si uno se pone ropa que no sea sensual o de distracción, cualquier vestimenta es apropiada. No hay ningún pasaje en que Dios ordene que vayamos con la ropa más elegante. Sin embargo, me di cuenta de que a algunos hermanos de diferentes países se les hacía difícil ver a su pastor vestido de manera informal. Por lo tanto, me hice débil con el débil y por esa razón me comencé a vestir más formal para los servicios de los domingos. Lo hice por amor del evangelio y para que el mensaje no sea menospreciado por mi vestimenta.

La lección de este capítulo es que las libertades cristianas de conciencia no son meramente para alimentar la carne, sino que son para el progreso del evangelio. Esto significa que hay momentos en que el evangelio avanza cuando entregamos nuestros derechos para que otros puedan escuchar el mensaje sin distracciones ni prejuicios.

1 CORINTIOS 10:1-22: CUIDÉMONOS DE LA IDOLATRÍA

Pablo lanza una advertencia para que no sigamos el ejemplo del pueblo de Israel que se entregó a la idolatría. ¿Por qué Pablo presenta este argumento? Es evidente que desea dejar en claro que las libertades se pueden convertir en ídolos. Son un elemento idolátrico cuando las usamos simplemente para satisfacer nuestros deseos. Por el contrario, nuestras libertades deben ser usadas para la gloria de Dios y la expansión del reino de los cielos. Aunque existe la libertad de conciencia, hay que ser cuidadosos de no participar en actos o pasiones idólatras.

La preocupación de Pablo es la práctica de libertades de conciencia que parecen afirmar actos idólatras y que pueden llevar a otras personas a participar de estos actos de forma idolátrica. Una persona débil podría terminar pensando que la aplicación de la libertad de otros es un permiso para entregarse a la idolatría. El ejemplo que Pablo trae de ingerir alimentos ilustra este punto. Si comer carne de sacrificio comunica a un hermano débil que está bien regresar al culto de Afrodita y participar de las orgías, es mejor abstenerse de esa libertad hasta que el débil sea instruido. Lo que estamos tratando de prever es que los más débiles tomen comportamientos de los más fuertes como licencia para regresar a la idolatría. Un ejemplo más contemporáneo sería escuchar música secular, que los más débiles puedan interpretar como un permiso para ir a una discoteca o para escuchar cualquier letra con contenido obsceno que sea simplemente popular.

1 Corintios 10:23-33: No todo edifica

Pablo termina esta sección con una segunda referencia a los límites de la práctica de las libertades de conciencia:

> Todas las cosas me son lícitas, pero no todas son de provecho. Todas las cosas me son lícitas, pero yo no me dejaré dominar por ninguna. (1 Cor. 6:12)
> Todo es lícito, pero no todo es de provecho. Todo es lícito, pero no todo edifica. (1 Cor. 10:23)

¿Está Pablo realmente diciendo que todo es lícito y, por lo tanto, permitido? El contexto señala con claridad que está hablando de aspectos de la libertad de conciencia. Todo es lícito si es practicado dentro de los parámetros morales que establece la Biblia. ¿Son lícitas las relaciones sexuales? Ciertamente, pero solo bajo la guía moral de las Escrituras. No se puede olvidar la frase: «no me dejaré dominar por ninguna». Aunque algo sea legal, para Pablo es importante señalar que nada debe ganar nuestros afectos de una forma pecaminosa. Esa es la realidad donde los más hermosos regalos de Dios se pueden convertir en ídolos que nos dominan.

Hay cosas que se pueden realizar lícitamente y que yo no practico porque percibo que me podrían dominar. Por ejemplo, ya no juego baloncesto. Es lícito jugar este deporte, pero jugar baloncesto fue mi vida hasta que entré a la universidad. Entrar a la cancha me domina y hay aspectos de mi carácter que se manifiestan durante el juego que pueden rayar en lo pecaminoso. Es lícito, pero prefiero no practicarlo porque reconozco una debilidad que puede hacer que esta práctica lícita me domine y se convierta en idolatría en mi alma. Pero, que me domine a mí no quiere decir que otros no puedan practicarlo con alegría, libertad y para la gloria de Dios. Lo importante es que no te domine. Es el mismo caso con el alcohol, la música, la comida, etc. Muchas veces, personas espirituales tratan como pecado áreas donde ellas son débiles. Parte del razonamiento es que, si yo que soy espiritual tengo problemas con esto, entonces otros deberían tenerlo. El punto es que somos diferentes y cosas en las que tú eres débil quizás otros no lo sean.

1 CORINTIOS 10:24-30: HACER LAS COSAS POR AMOR

Pablo aplica el principio de hacer las cosas por amor y beneficio de otros, es decir, abstenerse de participar en algo que pueda afectar la conciencia de otro. Debemos recalcar que no estamos obsesionados con estos temas de la conciencia. Solo cuando sabemos que algo puede ser perjudicial para alguien, entonces nos abstenemos. En el ejemplo paulino de la carne, él dice: «si no sabes de dónde salió esta carne, entonces come». Pero si conocieras el origen de la carne, entonces no la consumas por el bien del débil que está presente y que le puede perjudicar. Recuerden, el problema no es la carne en sí, sino el daño en la conciencia del débil que lo puede hacer regresar a adorar ídolos al interpretar mal tu libertad como un permiso para regresar a participar de actos idolatras.

Pablo nos apunta al propósito final de todo lo que hacemos: la motivación principal en el tema de la conciencia es la gloria de Dios. Finalmente, lo importante no es lo que hacemos, sino para quién lo hacemos. Pablo declara:

Entonces, ya sea que comáis, que bebáis, o que hagáis cualquier otra cosa, hacedlo todo para la gloria de Dios. (1 Cor. 10:31)

Pablo no está diciendo que para dar gloria a Dios tienes que predicar un sermón, sino que usa cosas del día a día. Todo lo que hagamos, sea tomar, comer o simplemente en todo, debe ser para reflejar la gloria de Dios.

¿Cómo se glorifica a Dios? Por medio del evangelio, al disfrutar de nuestras libertades, pero no como una muestra de independencia, sino como una demostración de que nuestra salvación nos permite realmente disfrutar de cada rincón de la creación. Podemos sacar provecho de la creación para la gloria de Dios y disfrute nuestro porque sabemos que Dios nos dio este regalo. La realidad de ser libres del pecado nos permite glorificar a Dios en un acto tan simple como comer o beber, porque entendemos que el ascetismo no nos salva; solo Cristo y Su obra redentora es lo que nos salva.

Cuando la gloria de Dios es la motivación, entonces podemos entregar libremente nuestras libertades si son de tropiezo a otras personas. El fin no es mi deseo o preferencia, sino que Dios sea glorificado. En este caso, glorificar a Dios no es una frase vacía que suena religiosa, sino que se trata de morir a mis preferencias para que otros se beneficien. El deseo radica en que si alguien podría llegar a conocer a Dios por mi conducta al abstenerme de algo, eso es mucho más impotente que ejercer mi libertad.

HECHOS 15

El famoso texto del Concilio de Jerusalén trae a colación algunas preguntas importantes sobre asuntos de conciencia y el efecto de nuestras prácticas en la comunión con otros hermanos. El dilema que la iglesia enfrentaba era si los creyentes gentiles tenían que adherir a las costumbres judías para ser considerados cristianos. Los cristianos judíos estaban demandando que los gentiles fueran circuncidados como muestra de su entrada a la comunidad de fe. Las conclusiones de los líderes eclesiásticos nos muestran cuándo las libertades cristianas tienen que ser defendidas y cuándo debemos estar dispuestos a entregarlas por beneficio de otros hermanos.

Por un lado, Pablo enfrenta la situación sin ceder su posición frente a la controversia sobre la circuncisión. Esta ceremonia seguía siendo practicada por creyentes judíos. El punto es que aquellos creyentes que llegaron al cristianismo siendo judíos podían circuncidar a sus hijos y ser parte de la comunidad cristiana. El problema radica en querer imponer esta libertad como requerimiento a otros creyentes gentiles. El nuevo pacto tiene como señal de entrada el bautismo, no la circuncisión. Entonces, aunque algunos creyentes todavía practicaran la circuncisión como una muestra de pertenencia racial —aunque no religiosa— al pueblo judío, de ninguna forma debería ser impuesta como requisito para los gentiles, porque estaría añadiendo cumplimientos de la ley judía como requisito para la salvación.

Queda claro que imponer esto suponía una carga que Dios no había diseñado para los creyentes. Pedro presenta el aspecto teológico al afirmar lo siguiente: «y ninguna distinción hizo entre nosotros y ellos, purificando por la fe sus corazones» (Hech. 15:9). No hay ninguna distinción porque la salvación no es por obediencia a la ley de Moisés, sino por medio de la fe en Cristo que, al nacer de nuevo, hace que reflejemos la verdadera circuncisión del corazón (Rom. 2:25-29). En este sentido, la ley de Moisés todavía tiene guías morales para los creyentes, pero no es la base para su justificación. Solo la fe por gracia es el medio de salvación. Por eso el apóstol concluye diciendo: «Creemos más bien que somos salvos por la gracia del Señor Jesús, de la misma manera que ellos también lo son» (Hech. 15:11).

La lección para nosotros es que debemos resistir cualquier imposición de otros creyentes que se exprese como una base de salvación más allá de lo que provee el evangelio. Ningún código moral debe ser presentado como requisito de salvación. Por el contrario, nuestra conducta moral es resultado de la gracia salvadora. Tenemos que desarrollar el discernimiento para poder entender cuándo el evangelio de la salvación por fe está siendo atacado producto de la implementación de prácticas que supuestamente elevarían nuestra espiritualidad por medio de la obediencia.

Un ejemplo podría ser el llamado que hacen algunos a ser radicales por Cristo. Es muy posible que el tipo de creyente que impulsa esos llamados tenga un trasfondo ascético que entiende que si no sacrificamos cualquier tipo de deleite material, estamos comprometiendo nuestra fe y espiritualidad. Aunque vivimos en un tiempo donde muchos idolatran las bendiciones materiales, proponer la negación a todo disfrute de bendiciones que son parte de la gracia común ofrecida por nuestro buen Dios es un falso evangelio que es similar al pedido de los judíos de que circuncidaran a los gentiles. En Gálatas, Pablo presenta la siguiente realidad:

> Para libertad fue que Cristo nos hizo libres; por tanto, permaneced firmes, y no os sometáis otra vez al yugo de esclavitud. Mirad, yo, Pablo, os digo que si os dejáis circuncidar, Cristo de nada os aprovechará. Y otra vez testifico a todo hombre que se circuncida, que está obligado a cumplir toda la ley. (Gál. 5:1-3)

Pablo enfatiza que si regresamos a la obediencia de la ley como la base para nuestra justificación, entonces hay que obedecerla por completo. Esto tiene profundas repercusiones con el evangelio, porque hace nulo el sacrificio de Cristo y, como consecuencia, estaríamos perdidos. Si nuestra esperanza no es únicamente la salvación por fe en Cristo, estamos igual de perdidos que un pagano.

Lo que debe quedar sumamente claro para nosotros es que, cuando la libertad del evangelio es atacada, debemos oponernos a ese ataque con firmeza. Por ejemplo, en tiempos recientes se está usando el tema racial como un tipo de justificación por obras. Se les está pidiendo a creyentes blancos que carguen la culpa del pecado de otros, para que entonces se haga justicia. Pastores eminentes han perdido la brújula del evangelio al traer culpa innecesaria a personas que son simplemente juzgadas por el color de su piel.

Volviendo al pasaje de Hechos, es un poco sorprendente la segunda aplicación que los líderes dieron en el concilio:

> Por tanto, yo opino que no molestemos a los que de entre los gentiles se convierten a Dios, sino que les escribamos que se abstengan de cosas contaminadas por los ídolos, de fornicación, de lo estrangulado y de sangre. (Hech. 15:19-20)

Pareciera que el pedido de abstención contradijera la afirmación para con los gentiles. El punto del pedido es que no comprometan la libertad al añadir aspectos de la ley como requisitos para ser salvos, sino que mueran a sus libertades para servir a los hermanos en la fe y no incluyan prácticas que pueden llevar a algunos a abandonar la fe. Veamos los tres pedidos del concilio:

Absténganse de cosas contaminadas por los ídolos

Es evidente que Pablo fue muy claro en afirmar que la carne ofrecida a ídolos no está contaminada en sí misma. Como he dicho, el problema radicaba en que creyentes débiles vieran el acto de un creyente maduro de consumir carne ofrecida en sacrificio como una señal de aprobación para regresar a la adoración a los ídolos; que lo vieran como una dicotomía que permitía ser creyente y todavía participar de la idolatría.

Un ejemplo de esto puede observarse con los distintos estilos musicales que prevalecen en las iglesias. Hay estilos musicales que están relacionados con letras muy ofensivas. Algún cristiano usa ese estilo con letra cristiana. Creo que es completamente correcto hacerlo, porque considero que la forma en que organizo las notas musicales no tiene un componente moral. Sin embargo, quizás debo considerar si la promoción de este género musical impulsa a creyentes débiles a volverse al estilo musical con las letras seculares y así abrazar conductas o actitudes similares impropias. Es importante considerar el efecto sobre los débiles y se deben comunicar los peligros a los que se acercan a escuchar el «genero redimido».

De fornicación

Pareciera ser el más extraño de los tres pedidos a los gentiles. La fornicación no es un aspecto de conciencia, tal como lo es abstenerse de lo contaminado a los ídolos y de alimentos estrangulados. La inclusión tiene que ver con la cercanía que había entre la ética sexual y la adoración a dioses falsos en lugares paganos. Es evidente en el Nuevo Testamento que el énfasis en una ética sexual monógama dentro del matrimonio es la realidad aprobada por Dios, mientras que la inmoralidad sexual está atada a culturas idólatras. El llamado es a reforzar la responsabilidad de tener una ética sexual bíblica porque tener libertades cristianas no quiere decir que haya aspectos de nuestra ética sexual que dependerán de las opciones de nuestra conciencia. Los cristianos podremos ser libres del requisito de la circuncisión, pero somos el templo de Dios y, por ende, no nos contaminamos con una ética contraria a la dignidad que debemos guardar producto de que Dios habita en nosotros.

De lo estrangulado y de sangre

Se les pide a los cristianos gentiles que entreguen algo de su libertad por amor a los judíos. Es un pedido para promover la comunión en la mesa. Imagínate crecer toda tu vida creyendo que cientos de alimentos no pueden ser consumidos. Esto no tiene que ver solamente con un aspecto moral, sino también con una percepción de cuáles alimentos son deseables y cuáles no lo son. Este pedido anima a los creyentes, tanto gentiles como judíos, a que puedan tener comunión al remover todo impedimento. El no ingerir estos alimentos no está relacionado con la salvación de las personas, sino con la preservación de la comunión. Para preservar la comunión entre verdaderos creyentes, todos estamos dispuestos a abstenernos de conductas que puedan ir en detrimento de los demás.

El concilio de Jerusalén defiende el evangelio de dos formas. En primer lugar, al no permitir que se añadan requisitos a la obra de Cristo. En segundo lugar, al sugerir prácticas que promuevan la unidad de los creyentes y preserven la comunión y el testimonio de la fe. No son prácticas que hacen ganar la salvación, pero sí que la afirman al no enviar un mensaje equivocado a hermanos débiles que podrían así volver a la idolatría. Son afirmadas al tener una ética sexual bíblica que rechaza la idolatría y cuando uno muere a sus propias preferencias por el bienestar de sus hermanos.

HECHOS 23:1

Entonces Pablo, mirando fijamente al concilio, dijo: Hermanos, hasta este día yo he vivido delante de Dios con una conciencia perfectamente limpia.

Antes de terminar esta sección, quisiera mostrar que solo por medio del evangelio podemos tener una conciencia tranquila. Pablo está delante del sumo sacerdote judío y nuevamente enfatiza que vive con una conciencia tranquila. Este comentario sincero le hace recibir un ataque físico del mismo sumo sacerdote. ¿Por qué el sumo sacerdote golpea a Pablo cuando dice que vive con una conciencia tranquila? Lo que Pablo está comunicando es que sabe que tiene el mensaje verdadero de Dios, mientras que los líderes religiosos judíos no lo tenían. Cristo cambió radicalmente el medio y el formato de la reconciliación con Dios y solo aquellos que afirman esa verdad pueden realmente tener el único mensaje que permite que tengamos conciencias tranquilas.

Hemos visto la información bíblica más relevante del Nuevo Testamento sobre el tema de la conciencia y las libertades cristianas. De estos textos podemos desarrollar una teología aplicada sobre cómo discernir miles de escenarios que podemos enfrentar en nuestras vidas. Cada uno debe ser evaluado a la luz de las Escrituras para poder saber si se trata de una situación donde debemos defender el evangelio, donde el evangelio nos llama a morir, donde el simple hecho de disfrutar la libertad le da gloria a Dios o donde debemos entregar nuestro derecho por amor al débil.

Aplicaciones:

- La conciencia tiene que ser informada por la Biblia y crear convicciones.
- No tener una conciencia informada es pecado.
- Las decisiones de conciencia no deben traer división.
- La conciencia débil debe ser informada.
- No juzgamos a los que difieren en conciencia.
- Entregamos nuestros derechos por amor a los débiles.
- Los débiles deben crecer en conocimiento.
- No debemos añadir requisitos adicionales a los que la Biblia establece.

Con este fundamento bíblico, podemos aplicar en fe estos principios para la gloria de Dios y afirmación del evangelio en cada momento de nuestras vidas.

Capítulo 4

Legalismo vs. libertinaje

Sinclair Ferguson, en su majestuoso libro *El Cristo completo*, presenta un mensaje que considero sumamente importante. Él afirma que el evangelio está en peligro tanto por el ataque del legalismo como por el del antinomianismo[5] o libertinaje, e ilustra ese peligro al decir que ambos son hijos gemelos del mismo vientre. Lo que Ferguson plantea es que la solución de uno no es el otro, sino que la solución a estas ideas que socavan el evangelio es el mismo evangelio.

He percibido que, con frecuencia, cuando se intenta solucionar una de estas ideas diabólicas, muchas veces la solución se plantea como un «equilibrio» de la misma, al poner en práctica el lado opuesto. Por ejemplo, luego del incesante legalismo que se experimentó en muchos de nuestros países en la década de los 80 y 90 por la influencia de ciertos grupos pentecostales, el mismo fue suplantado por otras iglesias, como las del movimiento de restauración, que no están interesadas en la santidad ni la moralidad del creyente. Esto pudo observarse, por ejemplo, a través del cambio extremo en la vestimenta femenina, que pasó del recato extremo a un enfriamiento del decoro. Las reglas morales características de los cristianos que la sociedad reconocía como parte del testimonio evangélico se fue debilitando hasta casi perderse y no encontrarse diferencia con el

---

[5]El antinomianismo es la filosofía que afirma que no hay ley, ya que la gracia elimina cualquier demanda moral o ética de las Escrituras.

mundo secular. La solución no es regresar a un movimiento ultra-fundamentalista, sino que el evangelio informe estas áreas por medio de la conciencia. Veamos otro ejemplo esclarecedor. Algunos cristianos suelen pensar que protegen a sus hijos de la influencia de la sociedad secular al enviarlos a universidades religiosas con estrictos códigos de conductas. Esa decisión podría ser un medio de ayuda instructiva si es implementado con la gracia del evangelio a la vista. De otra manera, ese código de conducta que pensamos que los va a proteger tendrá un efecto adverso al crear hipócritas o rebeldes. Pero tampoco se trata de dejar a nuestros hijos librados a su suerte, enviarlos a la universidad y decirles que simplemente se diviertan. Ambos extremos son tóxicos y se oponen a lo que la Escritura nos demanda como padres.

Lo único que nos protege es el evangelio. Podríamos pensar que tener reglas estrictas nos va a cuidar del peligro, pero sin el evangelio, viene a ser una receta para la rebelión o la hipocresía. También podríamos pensar que solo mostrar gracia, generar espacios amplios y cierta simpatía a la cultura secular hará que muchos deseen ser parte de la iglesia, pero sin la claridad y dirección del evangelio, esos movimientos meramente humanos van a producir libertinaje y conversiones falsas. Solo la proclamación del evangelio de la gracia que muestra la realidad del pecado y las bondades del amor de Dios a través de la obra sacrificial de Jesucristo nos hace libres para servir a Dios y nos puede proteger tanto del legalismo como del libertinaje.

> ¿No sabéis ustedes que cuando os presentáis a alguno como esclavos para obedecerle, sois esclavos de aquel a quien obedecéis, ya sea del pecado para muerte, o de la obediencia para justicia? Pero gracias a Dios, que aunque érais esclavos del pecado, os hicisteis obedientes de corazón a aquella forma de enseñanza a la que fuisteis entregados; y habiendo sido libertados del pecado, os habéis hecho siervos de la justicia. (Rom. 6:16-18)

Este es el mensaje del evangelio: éramos esclavos del pecado y ahora por Jesucristo somos esclavos de la gracia que lleva a la justicia. Cristo en la cruz no solo venció el pecado; venció a todos los ídolos que nos hacen esclavos para ahora poder adorar al Dios vivo. Lo que creemos acerca del evangelio nos guiará a vivir vidas que reflejen «las virtudes de Aquel que los llamó de las tinieblas a Su luz admirable» (1 Ped. 2:9, NBLA). Si creemos que el evangelio es solo para librarnos del infierno después de muertos y que no tiene nada que ver con nuestra vida presente, entonces viviremos simplemente para nosotros como el resto de los mortales. Por otro lado, si limitamos el evangelio solo a la entrada al nuevo pacto con Dios, pero luego tenemos que ganar el favor de Dios por nuestras obras, rápidamente nos convertiremos en legalistas. La gracia que salva proclamada en el evangelio es la gracia de Cristo que transforma y libera para vivir una vida abundante y servir para bendición de muchos y para la gloria de Dios.

La presencia del legalismo y el libertinaje solo demuestra la ausencia del evangelio

Desde mi perspectiva, una de las herramientas olvidadas en la lucha contra estos dos enemigos del evangelio son las libertades cristianas o decisiones de conciencia. Podemos navegar la ética de la vida sin caer en la trampa del legalismo ni del antinomianismo cuando tenemos un entendimiento correcto sobre las decisiones de conciencia. Podemos ver nuestras acciones como correctas cuando son respuestas en obediencia a Dios a pedidos éticos claros que Él demanda de nosotros ahora que somos Sus hijos. Podemos correr al evangelio cuando no llegamos a cumplirlos. Podemos entender que responder a las demandas éticas divinas no es algo que nos debe hacer sentir superiores ni el fundamento para nuestra aceptación delante de Dios, sino que es simplemente la respuesta libre de un redimido por Jesucristo. Pero también entendemos que la gracia derramada sobre nosotros no nos hace ignorar los pedidos éticos claros de Dios para Su pueblo. Tampoco nos lleva a minimizarlos o restarles importancia, porque Dios nos salva, nos da Su poder y nos llama a reflejar Su carácter por medio de nuestras vidas.

Todo esto nos permite identificar y tomar decisiones éticas que son informadas por la conciencia. Estamos hablando de prácticas éticas que son informadas por principios bíblicos, pero que no son obligatorias para todos los creyentes. Esto nos libra del legalismo, es decir, la imposición de nuestras convicciones personales a otros. Nos permite practicar un juicio caritativo y extender gracia a hermanos que tienen prácticas con las cuales diferimos, pero entendemos que están en el rango de posibilidad para un creyente. Extender esta gracia a otros solo es posible cuando la gracia del evangelio está informando nuestra cosmovisión. Además, nos deja saber que nuestras obras no nos salvan, sino que muestran la asombrosa verdad de que todo lo hacemos para la gloria de Dios informados por Su Palabra. Estas decisiones de conciencia cautivan nuestra propia conciencia al moldear una ética que está alineada con convicciones bíblicas. Una conciencia informada no permite el libertinaje diabólico que lleva a vivir sin rendir cuentas a Dios de nuestras acciones.

Veamos a continuación y en más detalle cómo la conciencia nos protege del legalismo y no nos permite el libertinaje.

PROTEGE DEL LEGALISMO

El legalismo, fariseísmo o superioridad moral es creer que podemos lograr nuestra justificación por medio de nuestras obras. En palabras más claras, es pensar que nuestros actos pueden lograr que Dios nos vea como obedientes completos o perfectos de Su ley. Sin embargo, esa no es la idea bíblica de la justificación que la entiende como un acto legal mediante el cual Dios declara justo (obediente a Sus estatutos) al transgresor de la ley por medio de la obediencia a Cristo. Estamos hablando de uno de los más increíbles y maravillosos regalos del evangelio. Cristo vivió la vida que nosotros no podíamos vivir y fue a la cruz para recibir el castigo que nosotros merecíamos, «el justo por los injustos» (1 Ped. 3:18).

Es por medio de esa declaración de Dios, basada en la fe salvadora, que Él nos declara justos. No es que ya simplemente no seamos culpables delante de Dios, sino que ahora el Señor nos ve como aquellos que han actuado correctamente en todo. Escribo estas palabras desde un avión repleto de personas y no me deja de conmover una vez más esta verdad conocida, pero a la vez tan transformadora. Dios ve a este pecador no solo como sin pecado; Él me ve como justo, me ve perfecto. Él no solo me ve como limpio, me ve como uno que moralmente ha cumplido. Alguien sin pecado es moralmente neutral; alguien justo es uno que tiene actos positivos a su favor al cumplir los requisitos y demandas de Dios.

> Por tanto, habiendo sido justificados por la fe, tenemos paz para con Dios por medio de nuestro Señor Jesucristo. (Rom. 5:1)

Este es el glorioso evangelio que me permite confiar en la obediencia activa de Cristo que nos es imputada por la fe en Su obra redentora. Sin ella, no hay ninguna esperanza para el transgresor. Cuando uno entiende la grandeza de la misericordia de Dios en la justificación, entonces puede confirmar que el legalismo es sumamente demoníaco porque le roba la gloria a Cristo cuando se afirma que podemos lograr ese estado de justificación por nuestros propios medios.

El legalismo no nos permite entender que mientras estamos en este lado de la eternidad y no veamos a Jesús tal como es, no estaremos completamente libres del pecado. Hasta nuestras mejores obras tendrán residuos de pecado. Por lo tanto, es irracional pensar que tú y yo podemos lograr este estado de justificación en nuestras fuerzas. Es descabellado porque es imposible sin la imputación de justicia de Cristo en nuestras vidas.

Si descartamos el legalismo de nuestras vidas, entonces las libertades cristianas nos permitirán tener prácticas piadosas satisfactorias y para la gloria de Dios sin que creamos que las mismas son meritorias y que debemos sentir que Dios se place más de nosotros que de nuestro hermano que no realiza tales prácticas. Este es el horrendo pecado de la pretensión de superioridad moral hacia otros que no actúan o afirman los valores de uno. Puede tratarse de valores cristianos o puede ser la superioridad moral que vemos en militantes a favor del aborto o de los derechos de los transexuales. Es afirmar: «Soy mejor que tú porque hago cosas que considero correctas y que tú no haces».

Es triste reconocerlo, pero muchos creyentes reflejan este sentido de superioridad porque no ven televisión, hacen escuela en casa o se abstienen de algunos alimentos. Nada que hagamos puede hacer que ganemos nuestra propia justicia para obtener el favor de Dios. Por el contrario, somos mendigos que hemos recibido la gracia de Dios, el mejor donativo del mundo.

Suelo decir con cierta ironía que el pecado de la pretensión de superioridad moral no lo cometen los hispanos… porque nadie habla de eso ni se predica desde los púlpitos hispanos. Hablamos de lujuria o mentira, pero nunca hablamos de este pecado de orgullo que es una de las mayores tentaciones del cristiano. Lo vemos cuando algún creyente lee un libro de teología reformada y ahora cree que puede insultar o menospreciar a cualquier otro cristiano que no esté de acuerdo con él. Lo vemos en personas que crecieron en el pentecostalismo, pero ahora, luego de leer un libro de John MacArthur, se creen que pueden faltar el respeto a sus antiguos hermanos. Esto es reprochable porque no podemos permitir que se insulte y denigre a personas por las cuales Cristo dio Su vida.

La libertad de conciencia nos permite tener profundas convicciones y entender que otros creyentes no tienen por qué tener esas mismas convicciones. Quiero aclarar nuevamente que no estoy hablando de áreas de pecado evidentes, sino de áreas donde realmente podemos diferir sin perder la fidelidad a la Palabra y la hermandad cristiana. Por ejemplo, yo tengo la profunda convicción, por diferentes razones, de que mis hijos no deben tener un teléfono inteligente hasta que tengan dieciocho años. Sin embargo, esto no debe hacerme sentir superior frente a hermanos que les dan teléfonos a sus hijos. Creo que no es sabio darles estos artefactos a adolescentes, creo que es hasta necio darles uno sin monitorearlo, pero este tema de conciencia no me hace más cristiano ni mejor que otro creyente.

Kathy y yo decidimos por convicción hacer escuela en casa desde que Joey estaba en segundo grado y Janelle entraba al jardín de infantes. Fue un proceso de oración, fue una decisión que tomamos en oración con seriedad y responsabilidad porque creíamos que Dios nos estaba guiando en esa dirección. Estamos abiertos a enviar a nuestros hijos a la escuela de ser necesario, pero creemos que Dios nos está llamando a educar a nuestros hijos de esta manera. Mi convicción no es por conveniencia o por facilidad, sino que creemos que la forma más efectiva de aplicar Deuteronomio 6 en nuestra familia es usando este método educativo.

El comienzo de ese primer año académico fue todo un reto para nosotros. Parecía que la carga era más pesada de lo que podíamos sostener. En un momento de frustración, le dije a Kathy: «Si esto sigue así... los enviamos de vuelta a la escuela». Luego de que las aguas se calmaron, tuvimos varias conversaciones con personas sabias. Ellas nos ayudaron a darnos cuenta de que nuestra convicción era fuerte y queríamos estar involucrados de esa forma en la vida de nuestros hijos. La escuela en casa no es fácil, es agotadora e intensa. Sin embargo, todo ese esfuerzo no debe darme ni una milésima de superioridad moral sobre padres que usan otros métodos. Puedo cuestionar sus motivaciones, pensar que debido al ambiente actual parecería mucho más sabio usar escuela en casa y así lograr el propósito de discipular a nuestros hijos, pero eso no me da ninguna razón para pensar que soy superior a mis hermanos. La verdad detrás de todo esto no radica en mis decisiones, sino en que Cristo completó con Su obra redentora todo lo necesario para mi salvación, santificación y justificación. Como habrás podido notar, todo lo que pensamos que hacemos para la gloria de Dios, sin el evangelio se puede convertir en méritos en los cuales aferrarnos para sentirnos superiores a los demás.

Por eso es importante diagnosticar si ejercemos las libertades para Dios o para nuestra gloria. Podemos ver este pecado cuando dejamos de ser pacientes con aquellos que no practican o no tienen nuestras mismas convicciones. También es evidente cuando haces comentarios despectivos o denigrantes de los que no lucen como tú o cuando te alegras al ver que sus prácticas no dan frutos similares a los tuyos. Solemos sentirnos superiores en temas de conciencia cuando estamos dando con frecuencia opiniones con un tono de autoridad moral sobre temas en los que libremente podemos diferir.

Es sumamente importante que puedas hacer un examen personal a la luz del evangelio y rendir cuentas a otros hermanos en Cristo para analizar tu corazón. El legalismo debe enfrentarse porque es esclavizante. Te mantiene esclavo porque se convierte en un trabajo arduo e interminable si crees que tienes que justificarte por tus propios medios siempre. Ese trabajo que esclaviza se refleja en una falta de gozo debido a esa carga que es imposible de llevar solo.

NO PERMITE EL LIBERTINAJE

Por otro lado, cuando el evangelio informa nuestra conciencia, no permite ajustar el legalismo con libertinaje. Quiero aclarar una vez más que el legalismo y el libertinaje no son prácticas que necesitan ser balanceadas, es decir, algo así como abandonar un poco el legalismo para inclinarme por un poco de libertad extrema sin mayores frenos. Estos equilibrios son meros intentos humanos, cuando lo que debemos encontrar es lo que la Biblia enseña. Encontrar el equilibrio es ponernos nosotros como árbitros que pueden determinar la razón y la medida de lo correcto. El evangelio es la solución a estas dos mentiras gemelas.

Entonces, lo que Pablo enseña es que debemos tener conciencias informadas por la Palabra para que, como consecuencia, informen nuestra ética (Rom. 14). Pasar al otro extremo del libertinaje es andar sin discernimiento sobre qué hacer o no hacer, pensando que podemos hacer lo que nos plazca porque hemos llegado a la conclusión de que toda obediencia es legalismo. No, nuestras conciencias son libres por el evangelio, pero no para hacer lo que quieran, sino que están informadas por la Palabra para actuar de formas éticas que reflejan el evangelio, haciendo aquello para lo que Dios las diseñó, es decir, poder distinguir entre lo bueno y lo malo conforme a lo que el Señor ha dispuesto.

Hay muchos ejemplos al respecto. La segunda parte del libro es básicamente la aplicación de estos principios a escenarios específicos. Por ejemplo, tenemos libertad para disfrutar la televisión. Pero esa libertad no me permite ver contenido inapropiado o invertir demasiado tiempo en este tipo de entretenimiento. Una conciencia informada por la Palabra permitirá que un creyente pueda ver contenido adecuado en la televisión. Pero esa libertad jamás llegará al punto en que nuestras conciencias dejen de reaccionar a escenas sexuales, de violencia extrema o normalicen conductas pecaminosas.

La conciencia informada por la Palabra abre la oportunidad para disfrutar de los regalos de Dios, tanto de la creación misma como también de los adelantos tecnológicos. Pero debido a que está informada por la Palabra de Dios, debe detenernos de usar esta libertad para justificar usarlos para fines pecaminosos. La misma conciencia informada que nos protege del legalismo al darnos la libertad para disfrutar la gracia común nos protege también de entregarnos al pecado al utilizar estos regalos de la gracia común de una forma que no glorifica a Dios y alimenta la carne.

El evangelio manifiesta con claridad que tiene dos enemigos en la aplicación ética en nuestras vidas. Por un lado, tenemos el legalismo que nos hace pensar que nuestras obras tienen un aspecto meritorio que nos hace justos delante de Dios. El peligro es un fariseísmo que nos hace sentir superiores producto de las cosas que hacemos para Dios. Por otro lado, el otro enemigo es pensar que nuestra libertad carece de exigencias éticas. Ese libertinaje ignora que el evangelio nos libera para cumplir las exigencias éticas impulsados por la gracia de Dios. La conciencia informada por la Palaba es el medio establecido por Dios para navegar entre estos dos enemigos, sabiendo que tenemos libertad para disfrutar de los regalos de la gracia común, pero sin usarlos para nuestra jactancia porque no podemos renegar de las demandas morales del evangelio.

Uno de los pecados de omisión más comunes en nuestro tiempo es hacer cosas sin crear convicciones bíblicas. El legalismo busca imponer nuestras convicciones a otros, mientras que el libertinaje es hacer cosas sin control porque realmente no sabemos lo que dice la Biblia. Vemos que nos vestimos sin decoro, faltamos los domingos a la iglesia, despilfarramos nuestros ingresos y no dedicamos tiempo a ver con profundidad qué dice la Biblia sobre cada uno de esos aspectos de nuestra vida.

La fe que tú tienes, tenla conforme a tu propia convicción delante de Dios. Dichoso el que no se condena a sí mismo en lo que aprueba. Pero el que duda, si come se condena, porque no lo hace por fe; y todo lo que no procede de fe, es pecado. (Rom. 14:22-23)

Todo, absolutamente todo lo que hacemos sin convicción bíblica es pecado. Gracias por el evangelio que nos da esperanza, pero que ese anhelo nos lleve a buscar lo que la Biblia señala para nuestra vida. Deseo terminar este capítulo citando la Confesión de Fe de Westminster:

Sobre la libertad de conciencia (20:2-3):

2- Dios es el único Señor de la conciencia; por tanto, en asuntos de fe y adoración, la ha dejado libre de doctrinas y mandamientos humanos que sean contrarios a Su Palabra o añadidos a ella. De manera que creer u obedecer de conciencia tales doctrinas o mandamientos es traicionar la verdadera libertad de conciencia; y el requerimiento de una fe implícita y de una obediencia absoluta y ciega es destruir la libertad de conciencia y también la razón.

3- Aquellos que, bajo el pretexto de la libertad cristiana, cometen y practican algún pecado, o abrigan algún deseo impuro, destruyen de este modo el propósito de la libertad cristiana, el cual consiste en que, siendo librados de las manos de nuestros enemigos, sirvamos al Señor sin miedo, en santidad y rectitud delante de Él, todos los días de nuestra vida.

Nuestras conciencias informadas por el evangelio nos protegen del legalismo y el libertinaje.

Capítulo 5

Ética, convicciones y opiniones

E scuché a mi amigo Miguel Núñez decir en un conversatorio en el que participamos en Puerto Rico: «Las opiniones tú las sostienes y por eso se puede cambiar de opinión con facilidad. Por el contrario, las convicciones te sostienen a ti, porque se han formado en un proceso de pensamiento y decisiones durante el curso de la vida». La conciencia ha sido divinamente diseñada para que la meditación de las Escrituras pueda convertirse en convicciones que nos sostendrán sin importar los vientos contrarios de otras ideas y pensamientos que enfrentemos (Rom. 14). En la actualidad, todos tenemos opiniones, pero muy pocos tenemos convicciones. Las realidades culturales que estamos enfrentando nos obligan más que nunca a ser creyentes bien informados por la gloria del evangelio que tengan convicciones bíblicas que los hagan permanecer en la Roca que es Cristo. Si no fuera así, nuestras convicciones vendrían de una cultura en general hostil a la cosmovisión cristiana. Todos tenemos convicciones; lo importante es dónde se forman.

Es evidente que la iglesia ha descuidado su responsabilidad de discipular cristianos con convicciones. Cada vez son menos los creyentes que permanecen firmes y luchan contra las presiones culturales porque tienen una conciencia cautivada por la Palabra de Dios. La norma de estos tiempos tiene un orden trastocado, porque se busca tratar de ajustar las filosofías culturales a la cosmovisión bíblica. Esto se debe a que tenemos personas con opiniones y no con convicciones.

El surgir de una sociedad donde la autoridad sale del yo interior hace que nuestras convicciones sean creadas dentro de una autoridad que nace del interior en lugar de realidades concretas. Este es un asunto que la iglesia debe resolver con urgencia. ¿Qué podemos hacer para desarrollar convicciones que cautiven nuestra conciencia como cautivaron a Lutero durante la Dieta de Worms? Pienso que la respuesta está en la meditación intencional de verdades para desarrollar ideas propias.

¿QUÉ SON LAS CONVICCIONES?

Una convicción es una idea que tiene el efecto de controlar la forma en que actuamos. No es una simple idea de algo que decimos que creemos o afirmamos; es aquello que impulsa nuestras acciones y moldea nuestra ética práctica. Nuestra conciencia actúa basada en convicciones que guían la brújula de la misma. Algunas personas pueden pensar que una convicción tiene que ser una idea desarrollada y meditada que podemos expresar. Creo que esto es una convicción intencional, pero todos tenemos convicciones que nos dirigen, sea que seamos conscientes de ellas o no. Entonces lo que deseamos son convicciones que nacen de la Palabra de Dios para que nuestra conciencia sea guiada por ellas. Vemos claramente en el Nuevo Testamento que la ética está atada a la mente, a lo que creemos.

> Por consiguiente, hermanos, os ruego por las misericordias de Dios que presentéis vuestros cuerpos como sacrificio vivo y santo, aceptable a Dios, que es vuestro culto racional. Y no os adaptéis a este mundo, sino transformaos mediante la renovación de vuestra mente, para que verifiquéis cuál es la voluntad de Dios: lo que es bueno, aceptable y perfecto. (Rom. 12:1-2)

Pablo le escribe también a Timoteo y a sus discípulos de Filipos con respecto a la conducta contraria al evangelio: «y para cualquier otra cosa que es contraria a la sana doctrina, según el glorioso evangelio del Dios bendito, que me ha sido encomendado» (1 Tim. 1:10b-11).

A los filipenses, les dice: «Solamente comportaos de una manera digna del evangelio de Cristo» (Fil. 1:27a). Vemos que nuestras acciones están atadas a lo que creemos, el evangelio. Como consecuencia, necesitamos tener convicción de lo que es verdad para que nuestras mentes sean renovadas y nuestra conducta no sea contraria, sino que sea digna del evangelio y lo refleje. Solo podemos lograr esto al meditar en él, creer las verdades del evangelio para que nuestras vidas lo reflejen. Como dice Pablo cuando afirma que, por medio de la justificación, estemos firmes en Cristo (Rom. 5:1-2).

CRISTIANOS GRABADORAS

Uso la palabra «grabadora» para referirme a los cristianos que repiten frases y dichos como si fueran clichés o eslóganes, pero sin mayor capacidad de entendimiento o reflexión profunda que lleve a la convicción y a la aplicación. Este es uno de los problemas más graves que observo en el ambiente actual, aun dentro de los grupos de creyentes que manifiestan un mayor rigor en el estudio de la Palabra. Esto es el resultado de la falta de desarrollo del pensamiento crítico producto de la tendencia a adquirir información solamente sin mayor procesamiento, lo cual impide la creación de convicciones. Muchos creyentes leen a Piper o MacArthur y repiten sin mayor reflexión a Piper o MacArthur. Son parecidos a papagayos que simplemente repiten lo que escuchan. Esto se hace evidente a través de las inconsistencias o superficialidades de las posiciones o la carencia de una visión total de cómo esas ideas se relacionan en el ámbito de la cosmovisión.

EDUCACIÓN CLÁSICA

Los creyentes deberíamos practicar algo similar al proceso de tres etapas de la educación clásica. Su propósito no es el simple proceso de adquirir información o aprender —por ejemplo, aspectos mecánicos de aritmética—, sino proporcionar una educación que desarrolle la habilidad de pensar en profundidad sobre la información recibida para que sea parte del individuo. Las tres etapas son las siguientes:

La etapa gramatical: Adquisición de datos e información. Algunos grupos usan canciones para memorizar, por ejemplo, datos relacionados a la historia. Todavía tengo en la mente tonadas de datos históricos que mis hijos aprendieron en esta etapa.

La etapa lógica: Dar sentido de la información a través de una observación que permita verla de una forma más amplia y descubrir sus implicaciones en el mundo y el individuo.

La etapa retórica: El estudiante debate y comunica la información que conoce, procesó y ahora tiene sentido en su vida.

Si usamos ese modelo para examinar el problema de los cristianos contemporáneos podemos concluir que el problema radica en que saltean la segunda etapa; conocen de algo y pasan directo a la retórica de forma ligera. En un mundo que facilita la entrega indiscriminada de opiniones en las redes sociales, terminamos siendo lo suficientemente arrogantes como para lanzar nuestras opiniones superficiales sin que sean producto de nuestras convicciones. Esas opiniones no pueden ser convicciones sólidas ya que no hemos tenido el tiempo mental para procesar lógicamente la información. Por eso vemos personas que, al principio de la pandemia, abogaban para que todos usaran mascarillas y se quedaran en casa, para luego desear tomar vacaciones porque estaban cansadas de estar encerradas. El apoyo inicial a la idea de quedarse en casa o usar mascarillas era una simple reacción sin una convicción lógica; quizás era un mero impulso para hacerse parte de todo lo que el mundo habla y hace o quizás solamente era mero temor. Pero si la posición inicial nacía de una convicción, no hubieran ajustado su posición cuando ya era conveniente, sino cuando era de acuerdo con la realidad de la información que tenían en ese momento.

Otro ejemplo nos muestra este problema desde otro ángulo. Un editor de libros me comentó que el problema del plagio en los autores es algo muy prevalente. Esto demuestra la falta de reflexión y acopio de información procesada; es decir, se saltan el paso lógico de enseñanza. Pueden tener la cabeza llena de información, pero no está organizada ni cobra sentido al no haber pasado por el tiempo riguroso de la reflexión.

¿Cómo desarrollamos este proceso de darle sentido a la información adquirida? Esto se logra por medios bíblicos como la meditación o la contemplación. Estamos hablando de un arte perdido en el mundo, porque vivimos distraídos por todo tipo de entretenimiento al alcance de nuestras manos. En lugar de pasar tiempo en silencio con nuestros pensamientos, preferimos llenarlos de estímulos e información superficial y desechable. Estamos más ocupados en darles a nuestros hijos el último artefacto tecnológico que el regalo de la meditación rigurosa.

Si el llamado de Pablo es: «no se adapten a este mundo, sino transfórmense mediante la renovación de su mente» (Rom. 12:2, NBLA), entonces debemos acallar nuestras mentes de todo contenido superficial y que distrae, y pasar tiempo pensando en las gloriosas verdades del evangelio y sus implicaciones en la vida. Inundar nuestras mentes con la obra que Cristo completó por nosotros en la cruz para obtener el perdón de nuestros pecados, darnos vida eterna y ser justificados nos santifica y nos permite —como Pablo mismo lo dice— verificar «la voluntad de Dios: lo que es bueno, aceptable y perfecto» (Rom. 12:2b). El resultado evidente será que nuestras vidas reflejarán la conducta del evangelio. Debemos dedicar más tiempo a modelar el consejo que Pablo dio a sus discípulos de Filipos:

> Por lo demás, hermanos, todo lo que es verdadero, todo lo digno, todo lo justo, todo lo puro, todo lo amable, todo lo honorable, si hay alguna virtud o algo que merece elogio, en esto meditad. (Fil. 4:8)

¿Cómo luce la meditación? En algún momento de la historia (antes que se conociera sus efectos dañinos en la salud), era vista como el arte de fumar en silencio y lentamente un cigarro o una pipa. Para muchos como, por ejemplo, Spurgeon, se trataba de una actividad de contemplación que facilitaba el pensamiento. No estoy abogando por fumar cigarros, pero sí lo pongo como ejemplo para que veamos la necesidad de encontrar espacios prolongados para actividades que nos permitan tener el tiempo suficiente para contemplar, pensar y desarrollar convicciones bíblicas por medio de la renovación de la mente. En mi caso, la actividad que aprovecho para meditar es usualmente correr. Cuando estoy corriendo, tengo la oportunidad de pensar, meditar y «rumiar» ideas en mi mente. Cuando llego de correr, escribo o tomo notas de lo que he meditado durante mi tiempo de entrenamiento físico.

El hecho de que el proceso de educación clásica tome unos doce años me hace pensar que el proceso para entrenar y desarrollar la habilidad y la disciplina de la meditación toma tiempo. Luego de que hemos trabajado estas destrezas, las convicciones llevan muchos años de maduración. Por ejemplo, llevo meditando en este tema de la conciencia y las convicciones por cerca de diecisiete años, en los cuales he tomado tiempos intencionales para pensar cómo funcionan las enseñanzas de Romanos 14 y 1 Corintios 8–10 en la vida del creyente y en las exhortaciones pastorales.

Dado que he entendido el proceso largo y profundo de la maduración de las convicciones, me cuesta aceptar que se ponga en posiciones de liderazgo público a personas que no han sido firmes en sus convicciones en los últimos dos o tres años. Por ejemplo, hoy hay una tendencia creciente a moverse al campo reformado del cristianismo. Sin embargo, veo con frecuencia a personas que han leído varios libros y terminan hablando con una supuesta autoridad que no refleja la humildad que surge del proceso de desarrollo de convicciones. Cristianos que ayer eran continuistas, en muy corto tiempo son los más rabiosos defensores del cesacionismo. Esto solo refleja un conocimiento muy superficial de la cosmovisión amplia de la teología y sobre lo que es realmente el evangelio.

Otro aspecto que muchos relacionan equivocadamente con las convicciones es la repetición de pasajes bíblicos. Ser transformado por la Palabra es más que simplemente memorizar pasajes. Por mucho tiempo se ha usado mal un pasaje de los Salmos que pareciera que nos exhorta a memorizar las Escrituras para que sean un tesoro en tu corazón (Sal. 119:11). Lo malo es que casi se trata de una fórmula mágica porque, si tengo los versículos correctos, entonces puedo usarlos casi como un «hechizo» para cambiar las circunstancias difíciles. La memorización es buena y necesaria, pero no acaba con la repetición exacta de las palabras del texto. Lo que se debe hacer es darles sentido a las verdades amplias de la historia de redención para que impacten en cada aspecto de nuestras vidas. No nos relacionamos con la Palabra como las gotas de sabiduría de Confucio, sino como la verdad divina y bíblica que le da sentido a la vida.

Cuando creamos estas convicciones por medio de la meditación de la verdad divina y empiezan a controlar la forma en que vivimos, entonces la retórica cobra vida y se refleja en la ética. Lo que decimos tiene autoridad, porque es evidente que lo creemos y es una verdad profunda que dicta nuestras decisiones y acciones. No estamos simplemente balbuceando palabras de otros como si fueran nuestras para ganar una audiencia, sino que proclamamos desde lo profundo de nuestro ser lo que realmente creemos. Los griegos lo denominaban el *Ethos*, es decir, una credibilidad que da fuerza al argumento. ¿Por qué hay predicadores que pueden tener una plataforma amplia y estable en el tiempo? Esto se debe con frecuencia a un sentido de credibilidad. Cuando escuchamos, por ejemplo, a Miguel Núñez o Sugel Michelén, podemos estar de acuerdo o no con ellos, pero es evidente que ellos creen lo que dicen y que han estudiado el tema. Además, viven las verdades que proclaman.

Yo soy bastante cauteloso y procuro no tener prisa al imponer las manos muy temprano a candidatos pastorales. Los jóvenes talentosos y dotados por Dios igual necesitan tiempo para desarrollar convicciones sobre aspectos sumamente importantes de la función pastoral. El seminario no hace a nadie pastor; solo provee herramientas que les permiten desarrollar convicciones y habilidades. Pero es muy posible que las personas necesiten años luego de salir de las aulas del seminario para poder darles sentido y hacer suyas todas las enseñanzas recibidas. Conozco varios jóvenes en los que se evidencia la forma en que redimen su tiempo y lo han aprovechado para desarrollar convicciones. Sin embargo, igual toma años poder estar realmente firmes en nuestras creencias y las canas son la evidencia de ese paso del tiempo.

> **Las convicciones crean carácter;
> el conocimiento sin carácter
> es un problema.**

Una de las razones por la que vemos tanta falla moral en el ministerio es porque personas sin convicciones están asumiendo esas posiciones. Tengo que insistir en que toma tiempo desarrollar convicciones. Si ponemos a un neófito en el ministerio, es muy posible que, tan pronto un tema rete su comodidad, no habrá una convicción firme que lo sostenga o le brinde respuestas. Solo se afirmará un carácter maduro cuando se haya tomado el tiempo suficiente para meditar en la Palabra y alcanzar una conciencia cautivada por la verdad divina. Quizás esto explica la razón por la que muchos líderes que proclamaban convicciones reformadas han corrido a abrazar ideas progresistas conocidas como *wokeness* [despertar] tan pronto como les fue conveniente. Eso refleja que no tenían realmente convicciones sólidas.

ANTICIPAR NO REACCIONAR

Una de las bendiciones de tener convicciones bíblicas firmes es poder vivir anticipando eventos y no simplemente reaccionar. Debemos ser muy conscientes de nuestras tendencias pecaminosas y de que, si carecemos de convicciones bíblicas sólidas, solo tenderemos a buscar justificar ciertas decisiones de forma «ingeniosa». Conocemos personas que todo el mundo sabe que están tomando una decisión poco sabia, pero encuentran alguna excusa con poca validez para justificar la decisión equivocada.

Por ejemplo, queremos una camioneta SUV cero kilómetro, pero no tenemos el dinero. Empezamos a buscar razones que justifiquen la compra a pesar de la falta de dinero. Podemos decir que es necesaria para la seguridad de los niños o porque las calles tienen demasiados hoyos y baches; todo para justificar la compra ante nuestras conciencias. Podemos saltarnos todas las alertas y solo reaccionaremos cuando nos damos cuenta de que no podemos pagar las cuotas o mantener un auto de esa categoría. Tener convicciones bíblicas firmes en el tema de las finanzas nos ayudará a tomar una decisión sobre si podemos o no comprar un auto. Si el presupuesto dice que no hay para una SUV, no hay excusa «ingeniosa» que pueda llevarnos a justificar tal decisión.

Mucha gente me dice que soy un tanto extraño porque siempre estoy pensando en cinco, diez o veinte años hacia el futuro. Esto se debe a que he estado preparando mis convicciones antes de llegar a etapas nuevas de la vida. Mis hijos están en la adolescencia, y ya tenemos varios principios que meditamos y establecimos con mi esposa cuando ellos eran todavía niños sobre diferentes aspectos de la vida como el uso de la tecnología, las relaciones con el sexo opuesto, la importancia de congregarnos los domingos, la forma de vestir, los bailes de la escuela y varios otros. Como hemos cultivado convicciones bíblicas firmes, no seremos sacudidos por opiniones de personas o simplemente por lo que la cultura imponga en su momento.

Por ejemplo, hemos decidido que nuestros hijos no necesitan un teléfono inteligente hasta que tengan dieciocho años. Cada vez que he dicho esto, la gente me dice: «Espera a que tengan X cantidad de años...». Hemos formado una convicción después de mucha reflexión y meditación, y la presión cultural no cambiará lo que pensamos sobre los peligros de exponer a nuestros hijos a estos artefactos que pueden abrirles las puertas a situaciones prohibidas y pecaminosas, les facilitan la posibilidad de esconder información a sus padres y dificultan que nosotros podamos monitorearlos y saber a qué están siendo expuestos. Es un tiempo de sus vidas en que pensamos que es evidente que no tienen la madurez para procesar todas estas cosas. No hacemos esto por temor, sino por convicción de que estamos llamados a caminar con ellos durante las diferentes etapas de sus vidas y a entender que es imposible monitorear sus interacciones. Preferimos esperar a que sean más maduros y puedan responder por sus acciones.

El tiempo transcurrido desde que un traficante de menores contacta a un adolescente hasta que lo convence de abandonar la casa puede ser dos semanas. La gran mayoría de estos casos suceden por contactos a través de los celulares. Sin embargo, muchos padres piensan que sus hijos necesitan uno para estar seguros. No estoy diciendo que darle un celular a un adolescente es pecado, pero sí que se trata de una decisión que se tiene que tomar con mucha reflexión y basados en convicciones por el bien de nuestros hijos, y de las que daremos cuenta a Dios. Nuestros hijos menores no deben tener un celular solo por la presión social que surge porque aparentemente «todos tienen uno», sino porque estamos convencidos de que es la mejor decisión sabia para nuestros hijos.

Ahora estamos preparándonos para su futura etapa universitaria (Joey tiene 14; Janelle, 13). Estamos orando y desarrollando convicciones sobre si deberían estudiar cerca o lejos de casa, cómo lucirá ejercer nuestra autoridad como padres en ese tiempo, cuánto dinero vamos a invertir en este proceso. En estos momentos de la adolescencia, no reaccionamos, porque hemos anticipado. Por eso ahora que Joey tiene 14, estamos desarrollando convicciones sobre los años universitarios. Si permitiremos que vayan fuera de casa a estudiar o que permanezcan cerca, o si deseamos una universidad secular o cristiana. Hacemos esto porque no deseamos que emociones o conveniencias de último minuto nos muevan en una decisión tan importante. Deseamos que sean convicciones que hemos cultivado con el tiempo. Que Joey saque una increíble puntación en los exámenes estandarizados de entrada a la universidad y quizás se le abra la oportunidad de entrar a instituciones que no entran en el criterio que cultivamos no alterará lo que hemos cultivado como convicción.

Esta convicción se cultiva en la Palabra de Dios, al observar cómo debe ser la relación entre un padre y un hijo no casado. Debemos considerar si son adultos independientes o todavía están en desarrollo y necesitan de nuestra guía; considerar la forma en que ejercemos autoridad con un hijo en esa etapa. Debemos procurar entender cuál es el propósito de ir a la universidad, por qué ir a una institución prestigiosa o quizás una no tan reconocida. Debemos considerar con cuidado cuánto dinero podemos invertir. Es muy importante hablar con otros padres que han pasado por esa etapa y averiguar cómo la distancia o cercanía ha afectado la dinámica familiar. También es importante evaluar cómo las filosofías de la cultura que las universidades fomentan podrían afectar a nuestros hijos. Al final, no tomamos una decisión en temor, pero sí bajo la convicción de que Dios nos está llamando a hacer algo específico en función a la autoridad que nos ha entregado y de la que daremos cuenta.

Algo que también Kathy y yo estamos trabajando a largo plazo es cómo interactuaremos con nuestros hijos si Dios les concede ser padres. Hemos observado relaciones donde, con mucha frecuencia, los abuelos son muy entrometidos y usurpan la autoridad de los padres delante de los hijos. Por eso estamos meditando sobre cómo luce una relación saludable entre padres e hijos luego de que se casan y sería en la práctica ser prudentes como padres, suegros y abuelos en esa etapa. Estamos desarrollando convicciones bíblicas firmes para poder tener dominio propio y hablar palabras adecuadas en momentos apropiados. Somos conscientes de que la falta de preparación para ese momento nos deja sujetos a las circunstancias y a nuestro propio entendimiento. Lo que necesitamos son convicciones basadas en la Palabra de Dios que permitan ejercer dominio propio y anticiparnos a las circunstancias futuras.

También estamos meditando para crear convicciones firmes con respecto a la vejez y a cómo luce ser fieles con nuestros dones luego de cumplir ciertas edades. No quisiéramos abrazar simplemente la idea moderna del retiro, sino ser productivos hasta que Cristo venga o vayamos a Él. Todo esto requiere de mucha intencionalidad, tiempo, meditación y esfuerzo mental. Sería mucho más fácil vivir reaccionando a las circunstancias y las cosas que vienen por medio de la cultura. Pero si vivimos de esa forma, terminaremos siendo como los que son movidos por cualquier viento de doctrina y que no tienen ni timón ni vela para establecer la dirección de sus propias vidas (Ef. 4:14).

Ahora la gente dice que los setenta son los nuevos sesenta, y nadie quiere verse como personas próximas a tocar las puertas de la muerte. Cuando un adulto llega a los sesenta años,[6] debe reflejar la realidad de que su partida está más cercana, y por esa razón, debe actuar conforme a esa realidad natural e inviolable. Por ejemplo, no es tiempo de entrar en deudas, sino de dejar las finanzas listas, de preparar un testamento para facilitar las cosas a nuestros hijos y preparar a nuestros seres queridos para la realidad posible de una partida. Quizás para muchos suene demasiado oscuro y por eso se prefiere no hablar de esos temas y darle la espalda a una realidad inminente. La Escritura no nos muestra eso. Tanto Pedro como Pablo mostraron que su pronta partida era un motivo de preparación porque gozaban de la seguridad del evangelio (2 Tim. 4:6-8; 2 Ped. 1:12-15).

Cuando nuestra conciencia ha sido cautivada por la Palabra de Dios, entonces nuestras prácticas son guiadas por convicciones. Desde la forma en que nos vestimos, manejamos, gastamos nuestro dinero e invertimos nuestro tiempo, todo es afectado por nuestras convicciones. Parece algo abrumador, pero mientras vamos poniéndolo en práctica, iremos creciendo en discernimiento, y el proceso se irá haciendo cada vez más preciso, profundo y también sencillo. Con la práctica de crear convicciones claras, aprendemos a hacer lo mismo con convicciones más complicadas.

Tenemos que ser capaces de ver las implicaciones de nuestras decisiones como participantes del reino porque hemos sido salvados para ser embajadores del reino de Dios y siervos de Jesucristo. Toda decisión debe ser evaluada por esta verdad. La casa que compremos no es para cumplir nuestros sueños, sino también para servir al reino. La forma en que gastamos nuestros recursos tendrá un impacto en la generosidad para con el reino. Debemos estar convencidos de que solo la Palabra de Dios —y no las opiniones personales— debe tomar

---

[6]Definición bíblica de vejez (1 Tim. 5:9).

control y saturar nuestras conciencias. Las conciencias informadas por la Palaba de Dios nos permitirán tener convicciones que dominen nuestras acciones. Ahora sí podemos entender a Lutero, cuando clamó:

«No puedo hacer otra cosa, porque ir en contra de la conciencia no es recomendable ni saludable».

Capítulo 6

La importancia de las prioridades

C omo les comenté en el capítulo anterior, nuestros hijos están entrando a la adolescencia. Una de las cosas que estamos en proceso de instruirles es sobre la importancia de identificar prioridades en sus vidas. Les estamos comunicando que gran parte de ser fructíferos en la vida se consigue al ser buenos mayordomos de nuestros recursos y, por ejemplo, uno de los recursos principales que tenemos a disposición y debemos aprender a utilizar de forma correcta es el tiempo.

Muchas veces nos conformamos con identificar la prioridad, pero nos cuesta ponerla en práctica. Para que nuestros hijos puedan experimentar en la práctica la prioridad del tiempo, cada mañana tienen que levantarse y trabajar con sus calendarios. Deben identificar las tareas que tienen que cumplir y establecer prioridades basándose en sus responsabilidades. Una tentación que enfrentan en la parte académica es dedicarles tiempo a las materias que prefieren o que más les gustan. Eso hace que muchas veces se haya puesto en riesgo el cumplimiento de las tareas más importantes. Lo bueno es que se pudieron dar cuenta del error y enmendarlo en las siguientes oportunidades. Para ayudarlos con el manejo del tiempo, dedicamos tiempo para planificar junto con ellos no solo cada día en particular, sino también su semana, para que puedan ir aprendiendo a identificar sus prioridades.

En el mundo ético y de la conciencia, también tenemos que aprender a identificar prioridades. Solemos identificar la ética como un todo, en donde todo es horizontal y pareciera que tiene el mismo valor de cumplimiento. Sin embargo, no toda decisión ética tiene el mismo peso ni tiene la gravedad o la importancia como para tomar la postura de Lutero en la Dieta de Worms. Sin embargo, eso no significa que tomamos todo a la ligera, sino que es también muy importante identificar las creencias en nuestra vida que no son negociables, por las cuales estamos dispuestos a perderlo todo, hasta el punto de dar nuestras vidas.

La falta de identificación de las prioridades en los temas éticos genera mucha confusión y dolor, porque como dijo Jesús al evidenciar este problema en los religiosos de Su tiempo:

> ¡Ay de ustedes, escribas y fariseos, hipócritas que pagan el diezmo de la menta, del anís y del comino, y han descuidado los preceptos más importantes de la ley: la justicia, la misericordia y la fidelidad! Estas son las cosas que debían haber hecho, sin descuidar aquellas. ¡Guías ciegos, que cuelan el mosquito y se tragan el camello! (Mat. 23:23-24, NBLA)

Los cristianos de nuestro tiempo no somos ajenos a esa exhortación de Jesús. Por ejemplo, pienso que hay temas en el ambiente cristiano donde personas suben la temperatura de forma innecesaria, defendiéndolos con una fuerza que no es equivalente con la prioridad del tema en discusión. En otros casos, personas piden unidad a través del abandono o el menosprecio de temas que no deberían ser negociables. En este capítulo, voy a tratar de establecer principios que nos puedan ayudar a descubrir en cuáles convicciones no daremos nuestro brazo a torcer y cuáles tomamos con seriedad debido a nuestra conciencia, pero no las podemos imponer a otros y no deberían causar división en el cuerpo de Cristo.

En primer lugar, debemos tener presente que vivimos en un mundo caído donde el pecado y nuestra propia finitud ha hecho que perdamos la capacidad de tener un conocimiento total y cabal de las cosas.

Esto nos debe hacer entender con humildad que hay aspectos que no vamos a poder entender por completo y que encontrar claridad moral será complicado y un trabajo laborioso. Reconocer prioridades y categorías éticas no es un pensamiento ético moderno donde la verdad es relativa. Ya hemos visto que la Biblia nos presenta cierta categoría de decisiones de conciencia en donde las personas pueden diferir sin juzgar, sino que dejamos que las personas rindan cuenta a Dios de sus conciencias. Es de suma importancia que se identifique este tipo de categorías y prioridades éticas para que estemos apercibidos del grado de intransigencia o flexibilidad que mostramos para con hermanos en la fe con respecto a diversos temas. Estas categorías y prioridades éticas también deben informar a cuáles temas les damos prioridad, si es que algunas de nuestras convicciones se encontraran en conflicto.

No quiero continuar sin recordar que nuestra tentación es buscar definir el bien y el mal por nuestra propia y supuesta sabiduría individual. Esto fue lo que sucedió en el jardín del Edén, cuando Adán y Eva pecaron al rebelarse contra la soberanía de Dios al tratar de redefinir el bien y el mal:

> Y ordenó el Señor Dios al hombre, diciendo: De todo árbol del huerto podrás comer, pero del árbol del conocimiento del bien y del mal no comerás, porque el día que de él comas, ciertamente morirás (Gén. 2:16-17)

De seguro se han hecho preguntas como estas: ¿Cuál era el problema si comían de ese árbol? ¿No sería bueno que el hombre pudiera tener conocimiento del bien y el mal? ¿No nos pide Pablo que podamos discernir entre el bien y el mal al verificar la voluntad de Dios (Rom. 12)?

El problema con tomar de este árbol es que demuestra la rebeldía humana al cuestionar la moral y la ética de Dios. Cuando tomaron del fruto, le comunicaron a Dios que Él no determina lo bueno o malo, sino que ellos lo determinarían. Entonces tenemos que entender que nuestro impulso caído tiende a la rebelión contra Dios y a convertirnos a nosotros mismos en los que dictamos lo que es bueno o malo. Cuando establezcamos nuestras prioridades éticas, es de vital importancia que lo hagamos en total sometimiento a la perfecta e inerrante Palabra de Dios. Si no lo hacemos, entonces estaremos compartiendo la rebeldía del Edén, tomando del fruto prohibido y definiendo nosotros mismos el bien o el mal. El Señor queda fuera de la ecuación y nosotros quedamos sujetos a nuestros propios impulsos, deseos, opiniones y percepciones falibles e imperfectas.

Tendemos con frecuencia a justificar nuestras decisiones éticas porque no entendemos la sabiduría de Dios detrás de Sus restricciones. Aunque la Biblia nos habla de la bondad de Dios y Su deseo de hacer el bien por Su pueblo, al final no tenemos que entender por completo Sus requerimientos. Eva no tenía que entender el significado absoluto detrás del mandamiento de no tomar del fruto del árbol del bien y el mal. Lo que no podía dejar de tener en claro es su posición: Dios es el Creador, ella la criatura y su responsabilidad era someterse al mandato divino. Lo que quiero decir es que nunca debemos eliminar o ignorar los llamados claros y evidentes del evangelio a nuestras vidas al momento de definir prioridades morales.

PRIORIDAD ÉTICA

Hay momentos en que las responsabilidades éticas van a estar en conflicto debido a la realidad del mundo caído en que vivimos. ¿Qué hacemos en esos momentos? ¿Cómo enfrentamos esas situaciones en las que entramos en conflicto con decisiones importantes? La respuesta es sencilla y directa: Por medio de la sabiduría bíblica aplicamos las prioridades éticas. Presentaré varios ejemplos para explicar este concepto.

UNA SOLA CARNE; HONRAR A PADRE Y MADRE

Un desafío común para un matrimonio joven es cómo trabajar la realidad de ser una sola carne y el llamado a honrar a padre y madre. He visto como pastor cómo las presiones culturales y expectativas frecuentes de los padres traen problemas al matrimonio. La Biblia señala con absoluta claridad que el deber de los cónyuges en un matrimonio es dejar a padre y madre para pasar a alinear sus lealtades a su cónyuge. Estas lealtades pueden ser físicas, emocionales, financieras y de localidad. La prioridad de tu vida debe ser tu cónyuge en todas estas áreas, ya que el matrimonio es una unidad irrompible entre dos seres humanos. Aparte de nuestra unión con Cristo como creyentes, no tendremos ninguna otra unidad como la de una pareja unida en matrimonio. Es nuestra prioridad darle nuestro cuerpo, dinero, sentimientos y presencia a la persona con la que somos uno. La Biblia establece con claridad nuestro llamado a honrar a nuestros padres. Sabemos que existen diversas formas de expresar este mandamiento basadas en expectativas culturales, pero nuestra convicción bíblica de honrar de formas prácticas a nuestros padres no debe interferir con la unidad con nuestra pareja. La Biblia también señala con absoluta claridad que si no cuidamos de una madre viuda en necesidad, entonces podemos ser considerados peores que un incrédulo (1 Tim. 5:8). Aunque exhortaremos a los creyentes a cuidar con solicitud y amor a una madre viuda, la forma en que se extiende este cuidado no debe interferir con las dinámicas del matrimonio y menos afectar la realidad de que los esposos son uno delante de Dios. En el mismo sentido, Pablo nos dice que debemos cumplir con nuestra responsabilidad de intimidad el uno con el otro porque el cuerpo de la esposa le pertenece al esposo y viceversa (1 Cor. 7).

No se priven el uno del otro, excepto de común acuerdo y por cierto tiempo, para dedicarse a la oración. Vuelvan después a juntarse, a fin de que Satanás no los tiente por causa de falta de dominio propio. (1 Cor. 7:5, NBLA)

Por lo tanto, podríamos afirmar que la extensión del cuidado a nuestros padres no debe incluir el privar a los cónyuges de uno y otro por un tiempo extendido. El texto claramente dice que la única razón por la que nos separamos es para dedicarnos a la oración. Esta práctica nos protege de tentación sexual y cultiva la realidad de ser uno. Podemos llegar a la conclusión de que un padre, una madre o ambos padres necesitan ayuda de sus hijos, pero que esta ayuda no debe incluir la separación de una pareja hasta el punto de que no les permita continuar cultivando la intimidad sexual. La prioridad ética abarcaría nuestro deseo de honrar a nuestros padres y madres sin dejar de honrar la unidad del matrimonio que tiene prioridad. Por ende, nunca debemos permitir que padres ancianos fuercen a sus hijos por tal atención que haga que sus hijos violen la prioridad moral del llamado a ser uno en el matrimonio.

ADOLESCENTE O HIJO ADULTO CON CONVICCIONES, SOMETIDO A LA AUTORIDAD

Nuestro propósito es enseñarles a nuestros hijos que desarrollen convicciones basadas en la Palabra de Dios para que puedan tomar decisiones por lo que ellos realmente creen, y no por lo que esperan de ellos papi y mami. Uno de los aspectos de la crianza que más satisfacción me da es ver a nuestros hijos tomar posiciones pocos populares ante la cultura imperante, no porque se lo hayamos dicho nosotros, sino porque están convencidos de que es la verdad. Por ejemplo, mi hija hizo una audición para una obra de teatro dentro de un grupo teatral de estudiantes en casa al cual pertenece. Debido a que la mayoría de los que participan son señoritas, algunas tienen que hacer personajes de hombre. Sin nosotros decirle nada, ella misma llegó a la decisión de que solo iba a presentarse para personajes femeninos. Creo que su propia decisión por convicción es el fruto de años de enseñarle cosmovisión bíblica y confrontarla con la realidad cultural que enfrentamos como sociedad e iglesia. También ver a mi hijo liderar la adoración de la iglesia es fruto de su propia convicción personal. Durante la pandemia, llegó a sustituir en ocasiones al líder de nuestra iglesia. Esto no fue producto de la presión de sus padres, sino una decisión por convicción personal.

En todas esas ocasiones, pudimos decirles lo que tienen que hacer, ya que todavía nuestros hijos están bajo nuestra autoridad hasta el día en que salgan de nuestra casa. Sin embargo, deseamos entrenarlos para que tomen decisiones por convicción y vayan haciendo transición a la etapa cuando no tengan cerca a papi y mami. Pero en este proceso de darles un poco de libertad ética, les hemos dejado en claro que su llamado a someterse a nuestra autoridad no está por debajo de las convicciones de conciencia. Esto lo digo porque podría darse el caso en que ellos usaran la conciencia para negarse a hacer algo en lo que nosotros no estamos de acuerdo. En ese momento, deben saber que la prioridad ética es que los hijos se sometan a sus padres hasta el día en que salgan del hogar familiar.

Nuevamente, no estamos hablando de aspectos que son claramente pecado, ni que un padre le diga a un hijo que viole la ley de Dios. La prioridad ética correcta nos dice que siempre escogeremos obedecer a Dios antes que al hombre. Pero también podría haber momentos en que sus conciencias pueden diferir de las nuestras, por lo que ellos deberían seguir el mandato de prioridad moral. Por ejemplo, digamos que tu hija llega a la convicción de que una pieza de ropa es adecuada para ella. Entonces, si sus padres se opusieran a que la use, ella no debe decir que están forzando su conciencia, sino que su impulso debe ser seguir la prioridad moral de someterse a sus padres.

A los padres debo recordarles que la Biblia nos llama a no provocarlos (Ef. 6). Pablo lo está diciendo en el contexto del sometimiento de los hijos a sus padres. Esto quiere decir que, aunque ellos están llamados a obedecernos, nuestro llamado es a ser sabios, y en especial a saber cómo usar esa autoridad con hijos adultos. Tenemos la autoridad, pero debemos usarla con sabiduría. Repasemos una vez más en el texto bíblico:

Hijos, obedeced a vuestros padres en el Señor, porque esto es justo. Honra a tu padre y a tu madre (que es el primer mandamiento con promesa), para que te vaya bien, y para que tengas larga vida sobre la tierra. Y vosotros, padres, no provoquéis a ira a vuestros hijos, sino criadlos en la disciplina e instrucción del Señor. (Ef. 6:1-4)

DOCTRINAS CARDINALES Y PERIMETRALES

Hablemos de aspectos doctrinales. Cuando una persona usa argumentos erosivos de doctrina fundamentales, la prioridad ética es defender esa doctrina. No lo hacemos de forma contenciosa, sino de una forma que honre a Dios, pero lo hacemos con valentía. Un pensamiento muy popular en nuestros días es que debemos mantener la unidad a toda costa. Pero sin acuerdo en las doctrinas fundamentales del cristianismo, no hay unidad. Por ejemplo, todo «evangelio nuevo» que se presenta con una imagen de piedad y bondad pero que cambie las prioridades del evangelio bíblico por otras demandas o luchas humanas debe ser enfrentado con firmeza y valentía. La prioridad ética en ese momento no es la unidad, sino proteger y proclamar el evangelio. El Nuevo Testamento está lleno de ejemplos y pedidos para que la iglesia y sus miembros se opongan a todo tipo de filosofía engañosa. Aun Pablo se enfrentó a Pedro cuando este último rechazó el evangelio cuando se negó a tener comunión con creyentes gentiles. Nosotros también podríamos enfrentarnos a personas que antes hicieron el bien, pero se han desviado y ahora enseñan falsedades.

Sin embargo, cuando se trata de doctrinas secundarias, debemos dar espacio y hablar con gracia al debatirlas. Tengo que aclarar que hay una diferencia entre debatir y oponer. Por ejemplo, como he comentado en mi libro *Sabiduría y poder*, el tema de los dones no debe traer división entre verdaderos hermanos. En lugar de oponernos al cesacionismo o al continuismo, debemos oponernos a falsos maestros dentro de esas vertientes. Debatiremos las diferencias con los que no son falsos maestros, pero no nos oponemos. No es lo mismo un continuista bíblico que alguien que usa los dones y su uso para aprovecharse y manipular personas. También debemos diferenciar a un cesacionista de alguien que usa este argumento para impedir que los cristianos dependan de la guía del Espíritu Santo. Debatimos sobre aspectos de conciencia y nos oponemos a las falsas enseñanzas o maestros. Si sabemos distinguirlos, podremos darle prioridad ética a nuestro argumento. Aun nuestro tono de voz no debe sonar igual cuando debatimos que cuando nos oponemos a algo.

Otro ejemplo muy controversial en estos tiempos es la importancia que tiene para la iglesia oponerse al aborto a la luz de otras necesidades en la sociedad. Hay algunos que argumentan que se puede apoyar a un político que tenga una posición que favorece el aborto, ya que tiene políticas favorables para aspectos como, por ejemplo, ayudar a los pobres. Desde mi perspectiva, la prioridad ética para buscar detener este holocausto moderno toma prioridad sobre temas que no son tan claros en la forma de resolverlos. Algunos pueden pensar que la pobreza se soluciona con que el estado entregue dinero, otros al permitir una mayor actuación del libre mercado. Sin embargo, la convicción de que el aborto es asesinato no es debatible para ningún creyente. La prioridad ética del creyente debe ser oponerse a esta horrenda práctica y no apoyar a nadie que la apoye o promueva.

... los cuales, aunque conocen el decreto de Dios que los que practican tales cosas son dignos de muerte, no solo las hacen, sino que también dan su aprobación a los que las practican. (Rom. 1:32)

Lo que quisiera que te quede de este capítulo es que la libertad de conciencia no es una licencia para hacer lo que desees. No se trata de una carta que tiramos para darle así prioridad a nuestras propias opiniones. No usamos la libertad que nos entrega la gracia de Dios para no ir al servicio de adoración los domingos porque solamente estamos cansados. Tampoco violentamos llamados claros de la Biblia a nuestra vidas para proteger nuestras preferencias en áreas de libertad. La Palabra de Dios nos informa para que dirijamos nuestra conciencia sobre todos los aspectos de nuestras vidas. Pero parte del proceso es también informarnos acerca de aquello que es prioritario.

Termino con un ejemplo sencillo. Yo tengo una convicción bíblica que me lleva a hacer ejercicio físico. Espero cubrir este tema en otro capítulo. Pero se trata de una convicción muy personal y soy consciente de que no es una prioridad moral. Nunca mi tiempo de ejercicio debería entrar en conflicto con mi llamado a servir a mi esposa, criar a mis hijos y adorar con mi iglesia. Son aspectos que no se comparan en importancia unos con otros. Por lo tanto, que el evangelio nos permita vivir y disfrutar de la libertad que nos brinda para guiar nuestras conciencias en áreas grises, pero que esa libertad nunca la usemos para escapar de los llamados principales para los que fuimos liberados por Jesucristo.

Capítulo 7

Piensa

La cultura predominante contemporánea enfatiza el entretenimiento, lo que ha traído como consecuencia una disminución en el desarrollo del pensamiento crítico. Nuestro tiempo libre se invierte en actividades que no requieren pensar, olvidando el consejo de pensadores conservadores como Burke, Chesterton y Spurgeon, quienes animan a invertir el tiempo libre en actividades que promuevan nuestro crecimiento intelectual. La cultura mediática contemporánea desea catequizar nuestras mentes de formas sutiles a través de las películas y series de televisión. Esta ideologización es tan sutil que necesitamos estar atentos y aprender a contrarrestar este ataque al dedicar tiempo de calidad a la meditación y contemplación de la verdad, la virtud, la belleza y la piedad expuestas en la Palabra de Dios.

Esta invitación a la meditación de la verdad no es solo un llamado de ciertos pensadores conservadores contemporáneos, sino que ha sido una invitación que ha aparecido en las Escrituras de forma constante. Los Salmos presentan la meditación de la ley de Dios como un deleite (Sal. 19; 119). Pablo hace un llamado a renovar nuestra mente (Rom. 12:1-2). Jesús mismo declara que Él es la verdad y por eso estamos llamados a seguirla, explorarla y conocerla.

Una posible explicación para el crecimiento de la ansiedad en nuestra sociedad actual es que estamos continuamente expuestos a un sinnúmero de mentiras que nos hacen ver el mundo solo desde una perspectiva física y temporal, sin considerar el mundo metafísico y eterno. La Biblia nos invita a batallar contra esta presión llenando nuestra mente de aquellas convicciones que cimentan nuestro mundo en la verdad del evangelio.

Por nada estén afanosos; antes bien, en todo, mediante oración y súplica con acción de gracias, sean dadas a conocer sus peticiones delante de Dios. Y la paz de Dios, que sobrepasa todo entendimiento, guardará sus corazones y sus mentes en Cristo Jesús. Por lo demás, hermanos, todo lo que es verdadero, todo lo digno, todo lo justo, todo lo puro, todo lo amable, todo lo honorable, si hay alguna virtud o algo que merece elogio, en esto mediten. (Fil. 4:6-8, NBLA)

Nuestra ausencia de paz podría deberse a que no estamos invirtiendo tiempo en pensar y meditar en lo que tiene virtud, pureza ni amabilidad. La Palabra nos dice que encontramos paz al seguir a Cristo, quien es manso y humilde. Meditamos en el evangelio, donde encontramos las buenas noticias de aquello que es la mayor manifestación de virtud y merece todo elogio. Considero que pasamos demasiado tiempo en las realidades de este mundo solo pensando en nosotros, nuestros problemas, y muy poco tiempo meditando en Cristo, Su obra, belleza, dulzura, majestuosidad y santidad.

Por lo tanto, si el evangelio manifiesta la verdad, entonces nos dejará ver que vivimos en un mundo gobernado por las mentiras. La verdad es que Cristo murió por nuestros pecados, vivió una vida perfecta para darnos Su rectitud y Su obra redentora es el único medio de salvación. La mentira del mundo es que podemos encontrar redención en nosotros mismos, mientras nos sometemos a ídolos que construimos para darnos seguridad. El único problema es que los dioses que buscamos que nos rediman son creados por nuestra propia maldad y diseñados para supuestamente satisfacer nuestros deseos. Creamos dioses que sirven y se rinden a nuestros pedidos; ya sean financieros, sexuales o de cualquier índole. Como estos dioses están muertos, terminamos muertos como ellos. En realidad son vanos, creados por nuestra imaginación pecaminosa, carecen de poder y se derrumban en nuestras crisis, y terminamos viviendo en esta eterna incertidumbre y ansiedad al descubrir que no pueden salvarnos.

> **El argumento que estoy construyendo busca proponer la necesidad de que pasemos tiempo meditando en las verdades del evangelio, para poder aplicarlas a las convicciones de nuestro diario vivir que capturarán nuestra conciencia e informarán nuestra ética.**

Es un ejercicio que requiere intencionalidad y anticipación. Intencionalmente meditamos en las verdades que nos van a sostener cuando enfrentemos situaciones de la vida. Por consiguiente, la anticipación de etapas de la vida es crucial en este ejercicio, para tener verdades que nos sostengan durante las mismas. Una pareja debe pensar qué verdades la sostendrán cuando llegue el período del nido vacío muchos años antes de que salga del hogar el último hijo.

Vivimos en un mundo muy superficial, embobado por las imágenes, sus propias *selfies,* y entregado casi por completo a la pereza intelectual. Nos sentimos tan especiales y merecedores de todo, que quisiéramos que otras personas hagan el trabajo por nosotros. Deseamos pastores que nos digan qué hacer para aplicarlo sin darle mucha mente, en lugar de entregar herramientas para que creemos convicciones. Nuestras vidas están demasiado llenas de actividades y estímulos sensoriales para detenernos a considerar las preguntas importantes de la vida y la forma en que debemos vivir de acuerdo con las respuestas provistas por la Palabra de Dios. Estamos más interesados en pensar en qué vestido está a la moda o qué equipo está ganando el campeonato, que en las filosofías que están controlando nuestras vidas.

Quisiera pedirles a los pastores que ¡pensemos! He visto una tendencia en los pastores que buscan hacer del pastorado una serie de actividades. Pareciera que nos hemos convertido en ejecutivos que movemos sistemas de multiplicación. Nos llenamos de tantas actividades «ministeriales» que se nos imposibilita cumplir con nuestro llamado ministerial principal de cuidar las ovejas. Lucas señala con claridad que la responsabilidad de los ministros en la iglesia es la enseñanza y la oración (Hech. 6). Si no somos gerentes ni administradores, sino maestros, entonces debe quedar en claro para nosotros que es imposible enseñar sin antes pensar. He visto muchos pastores terminar un grado académico para luego colgarlo en la oficina y nunca usar las herramientas aprendidas. El propósito del grado no era simplemente adquirir conocimiento, sino entregarte herramientas para poder investigar, encontrar recursos, llegar a conclusiones y buscar aplicaciones sabias. Para eso se escriben ensayos académicos en el seminario y se toman clases y se realizan incontables discusiones, talleres y seminarios. Pero muchos ahora no prestan atención crítica a filosofías perniciosas vestidas de bondad, las cuales abrazan sin mucho esfuerzo por entenderlas en profundidad, junto con las consecuencias de seguirlas.

No quisiera hablar de otros grupos evangélicos, pero puedo estar seguro de que todos necesitamos pasar más tiempo pensando y meditando. Considero que dentro de nuestro propio movimiento, que algunos llaman de «sana doctrina», existe una falta de profundidad en términos de criterios y convicciones propios. Muchos se han vuelto expertos en reproducir casi con exactitud el pensamiento de otros, pero no profundizan en crear convicciones propias. Leemos a autores como Piper y solo repetimos lo que Piper enseña, leemos a MacArthur y lo recitamos casi como un credo. Déjame decirte que si tus creencias se alinean 100 % con un predicador famoso, entonces hay algo que no anda bien en ti. No debemos olvidar que esos personajes son finitos e imperfectos como nosotros y que es muy posible que no estemos de acuerdo en todo con ellos. Debemos preocuparnos cuando entregamos series de enseñanzas basadas completamente en libros de otros, sin que mostremos nuestro entendimiento personal o contribución del tema. Participamos de tiempos de preguntas y respuestas en temas a los que hemos dedicado poco o ningún tiempo de meditación, contemplación y aplicación.

El resultado de esta falta de profundidad en la meditación es la facilidad con que las personas cambian de parecer en algunos temas fundamentales. Ya Pablo señalaba que no seamos como «niños, sacudidos por las olas y llevados de aquí para allá por todo viento de doctrina, por la astucia de los hombres, por las artimañas engañosas del error» (Ef. 4:14). Esto revela una búsqueda de la popularidad en lugar de la disposición a luchar por convicciones profundas. Elevamos a pastores que recién empiezan el ministerio al nivel de conferencistas y escritores, a pesar de su poca experiencia de vida. Ellos requieren de más tiempo de vida ministerial y personal para anclar con firmeza, aplicar y probar sus ideas y convicciones. Si los elevamos muy temprano, es muy probable que cambien de posiciones en el futuro por la falta de profundidad en sus convicciones.

Pastor, mi consejo es que pases tiempo ocupado en pensar y meditar, en lugar de llenarte de actividades. Debes procurar tener espacios reservados en tu vida, dedicados a la ardua tarea de evaluar ideas y discernir los «vientos de doctrina» del momento que pueden aniquilarte y también a tus ovejas. Este reto también lo lanzo a padres de familias, quienes tienen la responsabilidad de liderar y guiar a sus hijos.

Vientos bastante fuertes de falsos evangelios soplaron en la iglesia de los Estados Unidos en el verano de hace algunos años. Algunos pastores buscaban ser relevantes en la cultura y, para conseguirlo, abrazaron ideas dentro de su vocabulario litúrgico que no estudiaron en profundidad y que resultaron ser completamente contrarias al evangelio. Por ejemplo, las redes sociales de muchas iglesias que se reconocían como bíblicas anunciaban «noches de justicia social». Pastores, que hasta ese momento podían ser vistos como fuentes confiables, apoyaron frases y enunciados que eran completamente hostiles a la causa del evangelio. Cuando tuve la oportunidad de exhortar en privado a algunos de estos pastores sobre sus acciones, o cuando otros criticaron mis posturas públicas, pude entender que muchos no tenían un conocimiento cabal ni profundo de lo que estaban hablando. No tenían ni idea de dónde salían las ideas que estaban apoyando y que habían buscado sincretizar con el cristianismo. Algunos me dijeron que no tenían mucho tiempo para profundizar en eso y que era hora de actuar. Creo que esas respuestas mundanas rociadas de cristianismo pueden causar un daño letal a tus ovejas. Cuando no dedicas tiempo a profundizar y analizar filosofías populares que buscan entrometerse en la iglesia, podría ser una demostración de que no tienes el discernimiento para darte cuenta del peligro de las mismas, lo cual podría demostrar que no deberías estar entre quienes cuidan del rebaño.

Las cartas de Pablo, Pedro y Santiago nos demuestran que ellos identificaron el peligro que estaban enfrentando las iglesias a las que ellos escribían. No era un mensaje empaquetado o memorístico del evangelio, sino cómo el evangelio respondía a la realidad que ellos estaban viviendo de forma específica. No se trataba solo de recitar las Cinco Solas o los Cinco Puntos, los cuales son importantes, pero era, más bien, cómo el evangelio definía la realidad circundante. Pablo reta a los gálatas por su fariseísmo al negarse a tener comunión con los gentiles. Exhorta a los corintios por sus conductas elitistas que niegan la unidad que tenemos en el evangelio. Pedro anima a una iglesia que estaba pasando el fuego de la prueba en esos momentos. Juan desafía la mentira del gnosticismo que se estaba inmiscuyendo en la iglesia a través de maestros falsos y Santiago saca a la luz el concepto falso del antinomianismo.

Podríamos decir que Pablo, Pedro, Juan y Santiago pudieron dar en el blanco porque se tomaron el tiempo para desarrollar la disciplina de pensar. Ellos no pensaron tan solo en el evangelio recitado como un paquete de información, sino en cómo estas buenas noticias hablan específicamente a los retos éticos, sociales y morales que enfrentamos los cristianos de todos los tiempos. Por eso, nuevamente, los pastores que no dedican tiempo a pensar, van a terminar empaquetando ideas de otros que las repetirán, sin mayor reflexión y análisis, como relevantes a la realidad de la iglesia local que les toca instruir. Si tu argumento cambia de base al interactuar con una idea de algún autor y no cuestionas la razón para el cambio de tu creencia, pero sí la compartes con una fuerza inadecuada sin admitir el cambio de fundamento, entonces lo que estás haciendo es repetir lo que otros dicen sin pensar realmente en las verdades que dices estar anunciando. Entregar una idea sin reflexión es como intentar que alguien se tome una sopa a medio cocinar. Es llegar de una conferencia como T4G, TGC o PSC y comenzar a aplicar principios aprendidos sin antes reflexionar bien y profundizar en ellos, tanto en su fundamento como en su aplicabilidad.

Un amigo cercano me comentó que quizás esta falta de tiempo para profundizar en las convicciones sea producto del temor de que sus conciencias sean capturadas por verdades bíblicas que están en conflicto con los grupos que apoyan sus iglesias locales. No importa si eres reformado, arminiano, pentecostal, cesacionista o continuista. Siempre habrá la preocupación por ajustarse a todo lo que defienden los que abrazan cada cosmovisión. Sería horrible encontrar aspectos que reten estas ideas y tener que abandonar la tribu con la que te has alineado por tantos años. Lo que quisiera dejar en claro es que aprendemos de otros, pero nunca debemos entregar nuestros corazones y creencias a otros. Solo la Escritura debe gobernar nuestras vidas. Es «Sola Escritura», no «solo mi pastor favorito». Pensemos y retemos las ideas, y no te equivoques:

**Si no has dedicado largas horas a pensar,
entonces no tienes convicciones sólidas,
lo único que tienes son opiniones.**

El mundo desea ver gente que tiene convicción en lo que cree. Es triste ver a muchos predicando tímidamente la verdad y sin que se note que captura sus vidas. Debemos dejar de comportarnos como meros estudiosos y proclamar como heraldos que estamos capturados por la verdad del evangelio en nuestras vidas. Si simplemente repetimos las convicciones de otros, eso demuestra que somos heraldos capturados por la verdad de otro. Mientras estemos más interesados en pararnos frente a nuestras congregaciones para mostrar lo mucho que sabemos, en vez de reflejar la pasión que se ha creado en nosotros al ver la gloria del evangelio aplicada a un aspecto de la vida, solo estaremos cultivando fariseos que van a mirar a otros como menos y no reflejarán la misericordia y bondad de Dios en el evangelio. Así que pastor, piensa; piensa en Jesús, Su gloria y cómo se relaciona esto con tu teología, la ética de tu vida y la vida de tus ovejas.

Esta debilidad pastoral en la reflexión y la meditación ha formado una generación de laicos que tampoco piensa de forma responsable. ¿Cuántos hermanos conoces que te pueden recitar las doctrinas de la gracia, conocen los fundamentos de la Reforma, pero no pueden darte citas bíblicas que apoyan sus creencias? Vemos creyentes que ponen en práctica sus «convicciones» y no pueden dar ningún argumento bíblico que las sostenga. Deciden faltar a la iglesia los domingos con regularidad porque tienen la convicción de que se trata de una práctica legalista tener que ir cada domingo. Sin embargo, no pueden identificar con exactitud ningún texto en el que basan estas ideas. En el mundo contemporáneo, las opiniones individuales son la más grande fuente de autoridad. Esa misma filosofía ha permeado la iglesia y se ha convertido en la base de lo que creemos. Tenemos que recordar que el evangelio es gracia, pero también que rendiremos cuenta a Dios por cada pensamiento y acción. Más vale que podamos decir que con conciencias limpias nos instruimos con verdades bíblicas. Es más fácil que otro me diga a que yo piense profundamente.

En un mundo lleno de mentiras —cuya mentira principal es que no hay verdad absoluta—, debemos luchar contra esta tendencia al fundamentar nuestras conciencias en el estudio bíblico, formar convicciones sostenidas por las Escrituras que refuercen las palabras de Jesús: «El cielo y la tierra pasarán, más mis palabras no pasarán» (Mat. 24:35). Una de las formas en que somos contraculturales es separándonos de este mundo superficial y volviéndonos creyentes profundos que piensan y son controlados por la verdad del que es la verdad: Jesús el Cristo.

Dedicaremos una sección de este libro a desarrollar casos de decisiones de conciencias a las cuales debemos prestar mucha atención y reflexión. Ahora tomaré un poco de espacio para explicar brevemente cómo debe lucir el pensar temas a profundidad. He recurrido a amigos cercanos para preguntarles con frecuencia sobre algunas prácticas de sus vidas en áreas de conciencia. El hecho de que tengamos la posibilidad de ejercer una libertad, no necesariamente significa que sea sabio hacerlo. Lo que observo más a menudo es una deficiencia en reconocer las posibles implicaciones y consecuencias de esa práctica. Esta práctica me ayuda a poder discernir áreas que debo profundizar para proteger a mi familia, persona e iglesia de ser movidos por ideas meramente humanistas. Algunos me han comentado que esa agudeza se debe a que tengo el don de discernimiento y, en cierta forma, quizás sea el caso, pero muchas veces lo que veo en otros es falta de reflexión; es decir, detenerse a pensar antes de tomar una decisión y darse el tiempo para considerar los posibles escenarios que pueden surgir al ejercer cierta libertad. Muchas veces, nos basta que otras personas hagan algo para que eso sea suficiente para simplemente hacer lo mismo. Sin convicción, sin tiempo para mirar seriamente los posibles efectos de esa decisión en nuestras vidas, fe o familia es bastante peligroso, por decir lo menos.

A la práctica de ver implicaciones en decisiones que se van a tomar se la conoce como pensamiento sistemático; es decir, la habilidad de no tomar decisiones aisladas en el vacío, sino buscar los posibles efectos en áreas que pareciera que no están relacionadas con la decisión. Permítanme poner algunos ejemplos de la vida cotidiana que muchas veces los pastores tenemos que navegar con la congregación y que podrían ser considerados como extremos por algunos:

(1) Ponerle un bikini a una niña de cinco años porque se ve linda y para su edad no tiene nada de sensual. Pero, ¿qué le estamos comunicando para cuando tenga diecisiete años? (2) Abrazamos ideas del liderazgo masculino en la iglesia y matrimonio, pero ponemos a nuestras hijas a participar en deportes de contacto. Hemos pensado si eso podría crear una mayor agresividad que les genere problemas en su rol como mujer. (3) Animamos a nuestros hijos a que abracen tareas que bíblicamente pertenecen a las féminas. No estoy diciendo que un hombre no debe apoyar en el manejo del hogar, pero cuando toman tareas como entretenimiento que se relacionan a esta responsabilidad femenina, les comunicamos claramente cómo debe ver los roles y prácticas en el matrimonio.

Déjenme dar un par de ejemplos específicos para pastores: (4) Pastores toman sabáticos de meses en la ciudad en que ministran, pero no asisten a su iglesia local en ese tiempo. ¿Qué posición moral tenemos luego para, por ejemplo, retar al papá que está viajando constantemente para llevar a su hijo a torneos de deportes? (5) Pastores que nunca invitan a nadie a sus casas, sea porque desean «proteger» a la esposa o simplemente son introvertidos, pero, al mismo tiempo, están animando con frecuencia a la iglesia a vivir en comunidad.

En conclusión, para crear convicciones, para tomar decisiones de conciencia con fidelidad, tenemos que pensar. Se trata de un trabajo complicado, dificultoso, pero entiendo que el resultado será darle gloria a Dios. En un mundo afectado por la caída, las tareas se hacen complicadas. Pero esto no debe ser excusa para incumplir con nuestras responsabilidades. Entonces, aprovechemos el tiempo para meditar y pensar. Conozcamos las ideas que promueve la cultura y descubramos si son contrarias a la verdad. Esto nos ayudará a crear convicciones firmes y seremos de aquellos que están firmes en la Roca, sólidos en Cristo.

Capítulo 8

Sabiduría

Imagínate salir a una travesía sin un plan de viaje que permita conocer cuál es la ruta más segura y eficiente. Es sumamente riesgoso y hasta necio emprender el viaje sin tener la menor idea de cuánto dinero es necesario, las formas de pago, cuánto combustible necesitas o la cantidad de tiempo que tomaría el viaje. Caminar por la vida sin sabiduría es lo mismo que emprender una travesía sin la información necesaria para llegar al destino. Estamos hablando de una categoría que usualmente los cristianos reconocen de forma teórica, pero no consideran en la práctica.

Estoy hablando de la reflexión necesaria para entender si es sabio o no tomar ciertas decisiones o actuar de formas particulares en momentos específicos. Es extremadamente importante que consideremos la sabiduría cuando estamos hablando de libertades cristianas y la conciencia. Pablo lo dice claramente: «todo me es lícito, pero no todo me conviene» (1 Cor. 10:23, RVR1960).

**No es sabio hacer todo,
aunque podamos hacerlo.**

El proceso de consideración de acciones éticas no es solamente gobernado por categorías de conciencia y libertad, sino que también es importante tener en cuenta si es sabio hacer algo, aun cuando tengamos la libertad de hacerlo. No basta con saber cómo esa decisión nos beneficia, sino también si la misma tendrá efectos negativos en personas cercanas. Es una categoría adicional a la presentada por Pablo en la carta a los romanos, donde nos dice que nuestras decisiones las debemos hacer en fe delante de Dios (Rom. 14). Como hemos visto, Pablo nos dice que no es pecado que tengamos la libertad para actuar moralmente de alguna forma específica. Pero además de tener fe o convicción, deberemos también añadir a la ecuación si esa acción es o no sabia. Consideremos ahora cómo entender y aplicar la sabiduría bíblica luego de que hemos llegado a la convicción de que tenemos la libertad para hacer algo.

Un amigo me llamó porque estaba interesado en saber cómo ayudar a hermanos en la fe para que crezcan en el manejo de las finanzas. Estamos hablando de una de las áreas en las que necesitamos principios bíblicos claros, pero además mucha sabiduría para no solo tener conciencias alineadas con la Palabra, sino también para manejar sabiamente los recursos financieros que Dios ha puesto a nuestro cargo.

Las finanzas bíblicas tienen como punto de partida la convicción de que lo que tenemos le pertenece a Dios y somos simplemente administradores de lo que Él ha provisto. El principio fundamental es que somos mayordomos y no dueños. Con esto en mente como base para nuestras decisiones, entonces las convicciones bíblicas subsiguientes serían, por ejemplo, usar nuestros recursos financieros para la extensión del reino, para repartirlos con generosidad, para cumplir con nuestras responsabilidad básicas de vida y mayordomía, pagando nuestros impuestos, cubriendo nuestros gastos y guardando para el futuro. Cuando todo esto está cubierto, entonces podemos entender la forma de aplicar estas palabras de Pablo:

A los ricos de este mundo, enséñales que no sean altaneros ni pongan su esperanza en la incertidumbre de las riquezas, sino en Dios, el cual nos da abundantemente todas las cosas para que las disfrutemos. Enséñales que hagan bien, que sean ricos en buenas obras, generosos y prontos a compartir, acumulando para sí el tesoro de un buen fundamento para el futuro,

para que puedan echar mano de lo que en verdad es vida.
(1 Tim. 6:17-19)

Como puedes notar, Pablo no solo habla del disfrute personal, sino que establece claramente el lugar de las riquezas, los deberes como mayordomos de los bienes de Dios y la esperanza que no descansa en los bienes sino en Dios. Así, podemos aplicar el principio de gracia común y usar el dinero para el disfrute de los regalos de Dios para sus hijos.

Este es el momento donde entra la sabiduría, porque el hecho de que tengamos libertad para poder gastar en cosas no quiere decir que tengamos que hacerlo o que tengamos que obtener todo lo que deseamos. Aquí solemos presentar muchas excusas que parecen sabias para justificar nuestras decisiones, pero pensemos por un momento: si Dios nos ha provisto dinero, no tenemos que gastarlo.

Por ejemplo, en el caso de la compra de un automóvil, podemos preguntarnos: ¿hasta qué monto es sabio gastar en la compra de un auto? ¿Debemos comprar el auto más económico, pero que sea funcional, o podemos comprar un auto potente o lujoso? Un cristiano tiene la libertad de comprar el auto que desee si tiene los recursos financieros necesarios. Pero también es necesario tomar la decisión con sabiduría. Hay muchos otros factores por considerar dentro de la decisión para que sea sabia. Por ejemplo, mi familia tiene los recursos económicos para poder comprar un auto 0 km. Sin embargo, entendemos que para nosotros no es sabio, porque puede comunicar una opulencia que no es saludable en el ámbito pastoral. Tengo la libertad de hacerlo, pero considero que no es sabio para nosotros como familia. Por otra parte, nos gusta viajar como familia, y una manera de cubrir el costo de los viajes es no tener pagos pendientes en automóviles. Podrían sumar unos 10 000 dólares al año entre cuotas y seguros por dos autos. Cuando la gente me pregunta cómo hago para viajar con mi familia, le digo que dejé de pagar cuotas de auto desde el año 2001. Es cierto, tengo la libertad de tener un 0 km, pero pienso que no es sabio en mis circunstancias actuales.

Veamos otro aspecto del mismo tema y la respuesta con sabiduría. En el área donde vivo, cae nieve en invierno. Sin embargo, las calles se limpian con rapidez y es seguro manejar con cierta velocidad luego de una tormenta de nieve. Las preguntas serían: ¿es sabio comprar un auto todo terreno para las ocasiones que cae nieve? ¿O es una inversión innecesaria debido a la realidad del lugar? Aquí es donde la gente suele decir que es sabio tener el auto más seguro para proteger a sus hijos. La seguridad debería ser una categoría a considerar, pero hay otros aspectos que se deben tomar en cuenta. Lo que he podido observar es que, con frecuencia, alguien desea primero una camioneta 4x4 de fabricación europea y luego busca justificar el gasto en nombre de la seguridad. Aunque es posible que tenga la libertad de hacer la compra porque cuenta con los recursos para adquirirla, quizás no sea la decisión más sabia gastar ese dinero adicional por una camioneta que no es realmente necesaria en el área donde vive.

Esta decisión con respecto a la compra de un auto es muy parecida en su lógica y desarrollo a cientos de otras decisiones. Por ejemplo, podemos darle un celular a un adolescente, pero nos preguntamos: ¿es sabio dárselo cuando todavía no tiene la madurez como para manejar las tentaciones sexuales que puede traer un dispositivo móvil? La gente suele decir que le da un celular a su hijo adolescente por su seguridad para que se pueda comunicar, pero nuevamente, hay que analizar con mucha sabiduría toda esa decisión. Considerar, por ejemplo, el efecto adictivo que podría tener su uso inadecuado y persistente. Si le damos uno bajo el argumento de la seguridad, entonces es sabio preguntarnos: ¿lo dejaremos conectarse a las redes sociales? ¿Será un uso de redes sociales abierto o restringido? Nuevamente, la premisa se repite: podemos hacer algo, pero eso no quiere decir que tenemos que hacerlo.

Como ya lo he comentado anteriormente, mis hijos están entrando en la adolescencia y, junto con mi esposa, somos conscientes de que los estamos educando, tenemos autoridad sobre ellos y deben someterse a nuestros pedidos dentro del marco de lo que la Biblia lo permite. Hablando con el Pastor Bob Kauflin, él me comentó que, durante la adolescencia de sus hijos, ellos hablaban de categorías de sabiduría para tomar esas decisiones en lugar de que sus hijos tengan que pedirles permiso para hacer cosas. Se trata de un principio que estamos implementando en la vida de nuestros hijos y que requiere mayor instrucción y discernimiento, porque sería más fácil decirles lo que pueden o no pueden hacer. Pero de esta forma, los entrenamos para que vean la toma de decisiones por medio del concepto de la sabiduría por el resto de sus vidas.

Preguntas como: ¿debo ir a la fiesta de mi amigo? Me invitaron a un concierto; ¿cómo debo vestirme? ¿Puedo escuchar música no cristiana? Todas estas cosas requieren de decisiones que, además de considerar si la Biblia nos da la libertad de practicarlas, luego de llegar a la conclusión, deberán evaluar bajo la categoría de sabiduría al analizar si deben o no hacerlo en el momento de la vida en que nuestros hijos se encuentran. Esto incluye variables como el grado de madurez, la disposición a someterse a la autoridad y qué tanto les atraen las cosas del mundo, etc.

CRISTO, LA VERDADERA SABIDURÍA

El Señor no nos ha dejado librados a nuestros propios conocimientos, sino que ha dejado muy en claro en las Escrituras que Dios le dará sabiduría al que se la pida:

> Pero si alguno de vosotros se ve falto de sabiduría, que la pida a Dios, el cual da a todos abundantemente y sin reproche, y le será dada. (Sant. 1:5)

Nos equivocamos cuando vemos la sabiduría bíblica como simples gotas de conocimiento para enriquecer nuestras vidas. Ese no es el caso. El libro de Proverbios presenta claramente a la sabiduría como una persona que debe ser buscada y es más preciada que las piedras preciosas. ¿Quién es esta persona? Pablo responde a esta pregunta:

> Mas por obra suya estáis vosotros en Cristo Jesús, el cual se hizo para nosotros sabiduría de Dios, y justificación, y

santificación, y redención, para que, tal como está escrito: EL QUE SE GLORÍA, QUE SE GLORÍE EN EL SEÑOR. (1 Cor. 1:30-31)

Cristo es esa persona. La razón por la que buscamos ser sabios al tomar decisiones que parecen triviales es que esta búsqueda refleja un deseo de someternos a Cristo, el único que es verdaderamente sabio. Aquellos que hemos sido salvados sabemos que no éramos ni sabios ni nobles, sino necios. Pero ahora tenemos en el evangelio la verdadera sabiduría. Por lo tanto, afirmamos el evangelio cuando deseamos ser sabios en todo. Lo que estamos comunicando con este proceso de prudencia (un resultado de la sabiduría) es que nuestras vidas no son nuestras y no vivimos para alimentar todos nuestros deseos. Que tengamos permiso para hacer algo no quiere decir que vamos a hacerlo. Somos sabios e intencionales porque nuestras vidas le pertenecen al único y sabio Redentor.

Si Cristo es sabiduría, entonces tomaremos decisiones con cautela, prudencia e intencionalidad. Uno de los principios que deben gobernar nuestra toma de decisiones es que Cristo es sabio y nosotros, los que no somos sabios, vamos en busca de Su sabiduría. Eso hace que no confiemos en nuestra capacidad independiente para tomar decisiones que pareciera que no son importantes. El primer paso para ser sabio bíblico es dudar de nuestro corazón y motivaciones. Así nos ponemos en una posición de humildad y dependencia de los medios de búsqueda de sabiduría presentados en la Biblia.

LA BÚSQUEDA DE SABIDURÍA EN ÁREAS GRISES

A continuación, presentaré algunas pautas para poder encontrar sabiduría en áreas donde la toma de decisiones no es clara.

Quisiera aclarar nuevamente que estamos hablando de decisiones donde no hay mandamiento específico que la Biblia afirma en cuanto al tema. Después de este capítulo, veremos escenarios diversos de cómo aplicar este proceso. Hay decisiones que nos deben tomar un microsegundo como, por ejemplo, los pecados sexuales, donde no hay que siquiera considerarlos, porque la decisión siempre será consistente con la enseñanza de la Biblia. Pero otras decisiones como dónde vivir, qué estudiar, un cambio de trabajo y hasta dónde celebraremos los días festivos llevan un nivel de sabiduría que necesitaremos considerar con cuidado para que las decisiones finales reflejen una sabiduría bíblica consistente.

IDENTIFICAR QUÉ TIPO DE DECISIÓN ESTAMOS ENFRENTANDO

Lo primero que tenemos que identificar es si se trata de una decisión que, antes de tomarla, amerita tomar un tiempo. La vida está llena de decisiones que debemos tomar a cada momento. Pero, por ejemplo, cada mañana no tenemos que pasar un buen tiempo de reflexión para tomar la decisión de qué marca de pasta de diente usaremos hoy. También hay decisiones que se basan en convicción que ya hemos desarrollado y afirmado. Por lo tanto, no tenemos que detenernos a pensar en ellas. Ir el domingo a la iglesia es una decisión tomada que ya es una convicción personal y familiar prácticamente no debatible.

Sin embargo, en mi experiencia pastoral, he observado que hay un sinnúmero de decisiones que muchas personas toman sin considerarlas como es debido. Una evidencia clara de la necedad (lo opuesto a la sabiduría) es no tener el discernimiento para poder identificar cuál decisión necesita consideración y reflexión. Es sabio excedernos en la precaución al considerar las decisiones que tomamos con mucha responsabilidad, mientras vamos desarrollando el discernimiento bíblico adecuado.

ENTENDER QUE NO SOY SABIO

Como ya lo he dicho, el impulso inicial de la mayoría de los humanos es confiar en su propio entendimiento. La Biblia nos exhorta con frecuencia a no confiar en nuestra sabiduría. Entonces, es bueno comenzar recordando esta verdad:

Por naturaleza no soy sabio, necesito al sabio Cristo en mi vida. Por lo tanto, quiero considerar la sabiduría bíblica para poder tomar esta decisión.

¿QUÉ DICE LA BIBLIA?

Es el primer lugar donde buscar sabiduría. Es importante descubrir si el tema que estamos enfrentando y que requiere de una decisión es algo de lo que la Biblia habla con claridad. El problema, como lo vimos en el punto anterior, es que tendemos a confiar en nuestros propios pensamientos, en lugar de lo que dice Dios en Su Palabra. Muchos dolores de cabeza se evitarían si simplemente buscáramos primero la sabiduría bíblica. Encontrar lo que dice la Biblia no asegura que nuestra vida sea perfecta, pero sí nos concede vivir con la conciencia tranquila.

ORAR

Este es uno de los pasos más importantes al que, lamentablemente, prestamos menos atención.

Por nada estéis afanosos; antes bien, en todo, mediante oración y súplica con acción de gracias, sean dadas a conocer vuestras peticiones delante de Dios. Y la paz de Dios, que sobrepasa todo entendimiento, guardará vuestros corazones y vuestras mentes en Cristo Jesús. (Fil. 4:6-7)

La toma de decisiones puede causar ansiedad en nuestras vidas. Muchas veces no somos intencionales en la toma de decisiones, ignoramos temas que deberíamos considerar, porque nos causa temor enfrentarlas. Tememos tomar malas decisiones y fracasar, pero es irónico que ese temor a tomar decisiones consideradas va a forzar lo que muchas veces no deseamos. Sin embargo, tomar decisiones no debe causar un temor que usualmente se refleja con ansiedad. Por el contrario, debemos confiar en Dios y traer nuestras peticiones ante Él. Si oramos con el pasaje de Filipenses en mente, no vamos a venir simplemente con un listado de cosas que deseamos que Dios nos cumpla, sino que oraremos con humildad, pidiendo dirección y muriendo a nuestras preferencias. Oraremos pensando en lo que es bueno, digno y puro. Este tipo de oración orienta nuestro ser a la voluntad de Dios y nos va a ayudar a evitar forzar el cumplimiento de nuestros caprichos, y a considerar realmente lo que es sabio.

PENSAR/MEDITAR

Nos cuesta también prestar atención y reflexionar. Muchas veces nos movemos a tomar una decisión con nuestro primer impulso o lo que pareciera más lógico en el momento. Es importante que no nos sintamos forzados a tomar decisiones inmediatas, sino que, con conciencia tranquila, podamos realmente dedicar tiempo para meditar en la posible decisión y las consecuencias de la misma. Nuevamente, una de las fallas principales que observo con frecuencia es que las personas dan muchos pasos en su vida desde el vacío, solo considerando los efectos en el entorno inmediato y sin mirar uno o dos niveles más distantes, pero igual de importantes.

Debemos ser conscientes de que existe con frecuencia una red de consecuencias cuando enfrentamos toma de decisiones en temas de crianza, familia, finanzas, relaciones y muchos más. Por ejemplo, en la crianza, solemos simplemente reaccionar ante los hechos, tratamos de apagar incendios constantemente, en lugar de pensar en el panorama amplio y en los efectos que tendrán luego de ejecutar la decisión que he tomado hoy. Por ejemplo, como lo vimos anteriormente, le damos el celular a nuestro hijo de doce años porque tememos que pierda la habilidad de relacionarse con sus amigos, pero no vemos que estamos afectando la habilidad de relacionarse a largo plazo y de forma física con otras personas por el asilamiento que produce el móvil.

CONSISTENCIA

Ser consistente es un aspecto que ayudará en la toma de decisiones porque ayuda y facilita el proceso al momento de tomar decisiones.

Por ejemplo, nuestra iglesia se reunió temporalmente al aire libre durante la pandemia. Mientras se tenía más información sobre los peligros de la enfermedad, le comunicamos a la membresía que era entendible que algunas personas de alto riesgo desearan quedarse en sus hogares. Pero después de decirles eso, también exhortamos a que fueran consistentes. Una opción era permanecer en el auto durante el servicio. Las llevamos a pensar si, para otro tipo de actividad, estaban saliendo de sus autos. Si ese era el caso, entonces no estaban siendo consistentes al decidir no asistir al servicio. El propósito de la consistencia es que nuestra ética se refleje con homogeneidad.

CÓMO AFECTA ESTO A OTROS

Uno no puede estar tambaleando de lado a lado cuando está caminando por un pasillo. Caminar derecho permite que otras personas que caminan más rápido puedan pasar si así lo desean. Así como la forma en que caminamos afecta el paso de otras personas, las acciones que surgen de mis decisiones también afectarán a otros. Esto es algo que estamos tratando de tallar en el alma de nuestros hijos. Que ellos puedan ser conscientes de que lo que hacen puede tener efectos en otros. No estoy hablando de una complacencia constante que, finalmente, podría ser producto del temor al hombre, sino que, en un mundo que enfatiza tanto la individualidad, no consideremos cómo nuestra libertad podría aplicarse de una forma que tuviera consecuencias insospechadas en otros.

Muchas veces, sin darnos cuenta, podríamos ofender a otros al tomar decisiones egoístas que solo consideran nuestro beneficio. Solemos decir que no era nuestra intención afectar con nuestras decisiones, pero, más bien, deberíamos decir: «Disculpa, de verdad que no tomé el tiempo para pensar cómo esta decisión podría afectarte».

Por ejemplo, observo que los padres suelen centrarse en complacer a sus hijos hasta el punto de que no perciben cómo esto puede llevarlos a tomar decisiones que podrían traer consecuencias en otros. Si fuera el caso de que le demos una prioridad demasiada alta a que nuestros hijos pasen tiempo con sus amigos, quizás podemos quitarle a ellos la posibilidad de desarrollar relaciones con personas de diferentes edades. También podría afectar la relación entre los esposos, ya que no tienen tiempo para ellos debido a que tratan de complacer las prioridades sociales de los hijos.

Considerar cómo afectan nuestras decisiones a otros está muy atado al evangelio, porque nos obliga a morir a nosotros. Se trata de encarnar el ejemplo máximo de Jesucristo al dejar nuestro entorno de gloria y considerar a los demás como superiores a nosotros (Fil. 2). Si consideramos a los demás y están en nuestra mente al momento de tomar decisiones, entonces es posible que muramos a algunas de nuestras preferencias, porque afectarían a otros.

DEBO INVOLUCRAR A OTROS

Por último, es sabio pensar si ese tipo de decisiones necesita de la sabiduría de otros. No es que otros te digan qué hacer, pero sí considerar los consejos para ver si estás viendo tu corazón claramente, si la decisión es la adecuada y si no estás engañándote a ti mismo para obtener algo que deseas.

**Una conciencia informada sin sabiduría
es solo conocimiento vacío sin aplicación.**

Capítulo 9

Algunas aplicaciones prácticas
Primera parte

A hora es el tiempo de aplicar todo lo que hemos aprendido. Este capítulo y los próximos están desarrollados como una especie de laboratorio donde vamos a ver diferentes casos o escenarios que estudiaremos para descubrir cómo se aplican las ideas de conciencia. Veremos que existen ciertos casos en donde no habrá espacio para dar libertad de conciencia. Pero en otros hay quizás un espectro en donde los creyentes pueden hacer uso de su libertad de conciencia y actuar sin pecar de diferentes maneras. Quisiera dejar nuevamente en claro que la libertad de conciencia no es licencia para pecar. Se considera como licencia porque existen ciertos aspectos o situaciones de la vida donde la Biblia abre la posibilidad de que podamos diferir en nuestras prácticas. Por el contrario, ningún llamado bíblico a obedecer —a través de un mandamiento— es negociable, pero quizás la forma en que respondemos podría variar.

Vamos a comenzar con algunas situaciones que tienen que ver con la iglesia. Mucha de la falta de unidad en el cuerpo de Cristo ha sido producto de la falta de entendimiento de las diferencias que podemos tener con respecto a temas de conciencia. Es absolutamente claro que hay temas que no negociamos como, por ejemplo, la deidad de Cristo, la Trinidad, llamados morales claramente estipulados del evangelio. Sin embargo, hay aspectos como, por ejemplo, el tipo de música para la adoración o la estructura de la liturgia, en donde debemos dar espacio a otros hermanos para que actúen con libertad de conciencia delante del Señor.

¿DEBEMOS OBSERVAR EL DÍA DEL SEÑOR?

La Iglesia ha procurado honrar el día del Señor a lo largo de su historia. Sin embargo, muchas personas ya no ven la necesidad de asistir regularmente a los servicios de la iglesia en nuestros días. Las razones para este tipo de decisión no son muy profundas y los que han llegado a esta conclusión ignoran o han rechazado lo que la Biblia dice sobre la reunión regular de los cristianos. Por ejemplo, la pandemia reciente y prolongada ha revelado una eclesiología y doctrina de la presencia de Dios deficiente entre muchos que profesan ser cristianos. Las bancas vacías en este tiempo son un reflejo de que la iglesia no fue instruida con la seriedad y profundidad en la observancia del día del Señor.

Ciertas estadísticas muestran que los miembros comprometidos con la iglesia solo asisten un promedio de dos veces al mes. ¡Estamos hablado de los comprometidos! La razón para asistir también ha cambiado porque ahora la asistencia a la iglesia en búsqueda de un beneficio personal refleja una cultura contemporánea que enfatiza el consumismo y el individualismo.

No me preocupa tanto como pastor que las personas falten los domingos, sino que dejen de venir sin sentir convicción de pecado. Faltan porque no se han tomado el tiempo adecuado para crear una convicción profunda con respecto a la responsabilidad que tienen de congregarse. Algunos responden cuando se les pregunta sobre su ausencia diciendo: «¿No creemos en la gracia? No seas legalista». Esto no tiene nada que ver con legalismo. Debemos informar nuestras creencias con la Palabra de Dios. Necesitamos convicciones bíblicas fuertes que impriman dirección a nuestros corazones al momento de tomar la decisión de no congregarnos un domingo. Esa justificación o razón debe estar en concordancia con todo el consejo de Dios. En parte, esta cultura casual hacia la reunión de la iglesia viene de una mala enseñanza sobre el día del Señor.

Por esto quiero compartir mi convicción personal acerca de observar este día.[7] Creo que guardar el *sábat* (reposo en sábado) tiene continuidad para el creyente en el nuevo pacto. Ahora lo observa en el día del Señor del domingo (Hech. 20:7; 1 Cor. 16:2; Apoc. 1:10). Quisiera aclarar que los creyentes pueden participar de actividades recreativas que no impidan congregarse en su iglesia local durante el domingo. Desde mi perspectiva, observamos el descanso al celebrar la resurrección de Jesús, la cual apunta al descanso eterno que experimentaremos (como lo afirma el autor de Hebreos).[8]

UN TEMA DE CONCIENCIA

Vale la pena dejar en claro que este es un tema de conciencia, por lo que hermanos buenos y sabios han llegado a diferentes convicciones.[9] En nuestra iglesia local, no tenemos una posición definida para todos los miembros. Les he dado a conocer mi convicción, pero no la impongo. El apóstol Pablo señaló con claridad:

> Por tanto, que nadie se constituya en vuestro juez con respecto
> a comida o bebida, o en cuanto a día de fiesta, o luna nueva,
> o día de reposo. (Col. 2:16)

Este pasaje me impide ser juez sobre otros, pero no limita mi deseo de que nuestra congregación forme sus convicciones de acuerdo con la Biblia. Desde mi perspectiva, la libertad de conciencia no se limita

---

[7]Una posición denominada «sabataria continental» en el mundo teológico.

[8]Esta es la posición histórica de los bautistas reformados que siguen la *Declaración Bautista de Fe de 1689*. La tradición reformada paedobautista que encontramos en la *Confesión de Westminster* afirma una convicción sabataria más rígida, donde el día del Señor se separa de toda actividad recreativa y solo se permite la participación de actividades de adoración a Dios. Es por esto que muchas iglesias presbiterianas ofrecen sus servicios en la mañana y en la tarde.

[9]D. A. Carson defiende una posición contraria a la sabataria continental en su libro *Del sábado al día del Señor*, pero concluye exponiendo que participar del servicio de adoración es normativo para todo creyente.

a responder si debemos observar de alguna forma el día del Señor. El Nuevo Testamento establece con bastante claridad que el domingo se convirtió en el día de celebración de la resurrección del Señor bajo el ritmo de trabajo/descanso de 6/1 días. Por lo tanto, todos estamos llamados a observar este mandato. El tema de conciencia radica en las prácticas alrededor del mandato y la forma en que se observa.

UN MANDATO DESDE LA CREACIÓN

Aquellos que nos identificamos con la teología del pacto observamos tanto continuidad como discontinuidad entre el antiguo pacto y el nuevo pacto. Analizaré ambos aspectos a continuación.

El argumento principal y uno de los más convincentes de la continuidad del *sábat* es que es un mandato dado en la creación antes de la caída.[10]

> Y en el séptimo día completó Dios la obra que había hecho, y reposó en el día séptimo de toda la obra que había hecho. Y bendijo Dios el séptimo día y lo santificó, porque en él reposó de toda la obra que Él había creado y hecho. (Gén. 2:2-3)

Tengo la certeza de que los mandatos de creación son normativos para los creyentes hoy. Entre ellos se incluye el mandato de guardar un día de reposo santificado por Dios. En los Diez Mandamientos, se apunta a este mandato de creación como la razón por la cual Israel debía observar el día de reposo.

> Acuérdate del día de reposo para santificarlo. Seis días trabajarás y harás toda tu obra, mas el séptimo día es día de reposo para el SEÑOR tu Dios; no harás en él obra alguna, tú, ni tu hijo, ni tu hija, ni tu siervo, ni tu sierva, ni tu ganado, ni el extranjero que está contigo. Porque en seis días hizo el SEÑOR los cielos y la tierra, el mar y todo lo que en ellos hay, y reposó en el

---

[10]Algunos dispensacionalistas y de la nueva teología del pacto consideran que, aunque estos mandatos tienen enseñanza para los creyentes, no son normativos.

séptimo día; por tanto, el SEÑOR bendijo el día de reposo y lo santificó. (Ex. 20:8-11)

He observado una falta de consistencia en los creyentes al practicar los mandatos de creación. Por ejemplo, es común usar Génesis para defender y argumentar sobre el llamado al matrimonio entre hombre y mujer (Gén. 1:27), para defender el liderazgo masculino (Gén. 3:9) o el llamado a multiplicarnos y subyugar la tierra (Gén. 1:28). Todos estos principios se establecen antes de la caída. Si usamos estos mandatos como normativos para el creyente hoy, ¿no deberíamos también incluir el llamado a guardar el día de reposo? Un texto que ha resonado en mí durante el último año es el siguiente:

Si por causa del día de reposo apartas tu pie para no hacer lo que te plazca en Mi día santo, y llamas al día de reposo delicia, al día santo del SEÑOR, honorable, y lo honras, no siguiendo tus caminos, ni buscando tu placer, ni hablando de tus propios asuntos, entonces te deleitarás en el SEÑOR, y Yo te haré cabalgar sobre las alturas de la tierra, y te alimentaré con la heredad de tu padre Jacob; porque la boca del SEÑOR ha hablado. (Isa. 58:13-14, NBLA)

El llamado a los creyentes es a guardar estrictamente el día de reposo. Este pasaje hace referencia al futuro, y la sección que va del capítulo 56 al 66 es un llamado a los creyentes de todas las épocas, en especial a los creyentes del nuevo pacto a guardar el pacto. Desde la creación, la forma más evidente de guardar el pacto es observando un día de descanso separado para la adoración. La continuidad en el Nuevo Testamento es la observación del día del Señor en lugar del *sábat* y la discontinuidad es que se celebra el domingo y no el sábado.

DEL DÍA DE REPOSO AL DÍA DEL SEÑOR

Dijimos que la teología del pacto observa continuidad y discontinuidad con respecto al antiguo pacto y el nuevo pacto. La continuidad se encuentra en seguir observando el *sábat* y la discontinuidad se encuentra en el cambio del día de celebración. Por supuesto, el cambio de sábado a domingo encuentra respuesta en los siguientes textos del Nuevo Testamento:

> Y el primer día de la semana, cuando estábamos reunidos para partir el pan, Pablo les hablaba, pensando partir al día siguiente, y prolongó su discurso hasta la medianoche. (Hech. 20:7)

> Que el primer día de la semana, cada uno de vosotros aparte y guarde según haya prosperado, para que cuando yo vaya no se recojan entonces ofrendas. (1 Cor. 16:2)

La iglesia del Nuevo Testamento comenzó a congregarse los domingos, el primer día de la semana, el día en que Jesucristo venció la muerte —nuestro enemigo—, y esa victoria es la que ahora celebramos. Por lo tanto, parece existir una transición del día de reposo sabatino al día dominical del Señor. El día del Señor ahora se observa a través del reposo cristiano que llama al descanso de nuestras obras para celebrar en adoración la resurrección de nuestro Señor.

¿CÓMO SE DEBE PRACTICAR ESTE DÍA?

Cada creyente debe llegar a convicciones propias. Algunos pensarán que ya la observancia del sábado se cumplió en Cristo. Los que pensamos que el *sábat* continúa en el día del Señor debemos reconocer que los creyentes pueden observar este mandato de diferentes formas. Eso sí, el mandato a congregarse es claro, por lo que todo creyente debe tomar en serio el reunirse con la iglesia y evitar ausentarse.

Nuestra familia considera el domingo como el día apartado para adorar a Dios, descansar en Él y congregarnos con los santos. Comparto algunos consejos que nos han ayudado a observar el reposo en el día del Señor.

- Nos restringimos de cualquier actividad que nos impida estar listos para participar del servicio.
- Desde el sábado, estamos pendientes de ir a la cama a una hora adecuada para no estar soñolientos durante el servicio.
- Nuestros hijos no hacen tareas escolares los domingos. Ellos también descansan de sus trabajos.
- Mi esposa se abstiene de hacer tareas domésticas que le causen ocupación y la distraigan durante el servicio.

Creemos que es un mandato congregarnos todos los domingos, con excepción de circunstancias extremas. Pero se debe dejar que cada creyente encuentre cuáles son esas circunstancias y razones que le permitirían no congregase un domingo en su iglesia local. Por esta razón, durante nuestras vacaciones, buscamos y planeamos asistir a una iglesia donde se predique el evangelio y se observen los sacramentos. Esperamos que nuestros hijos entiendan que no vamos a la iglesia porque papi es pastor, sino que vamos a la iglesia porque somos cristianos.

Los animo a que no se dejen influenciar por conceptos mundanos y ajenos a las Escrituras en cuanto a este tema. Es de suma importancia para el creyente, y por eso debe estudiarse con detenimiento. Dios le dio gran importancia a esta observancia a través de toda la Biblia. Entonces nosotros debemos, por Su gracia, tomarla también en serio.

CONSIDERAR AL DÉBIL

Es posible que algunos piensen que no tienen que asistir a la iglesia porque tienen esa libertad en base a las siguientes palabras de Pablo: «Por tanto, que nadie se constituya en juez de ustedes con respecto a comida o bebida, o en cuanto a día de fiesta, o luna nueva, o día de reposo» (Col. 2:16, NBLA). Este verso podría llevarte a decir que nadie puede decirles cuándo ir o no a la iglesia. Considero que Pablo está hablando de fiestas judías, pero aun si lo aplicáramos al día del Señor, ¿cómo afectaría tu conducta al débil? Tú puedes considerarte «fuerte» y pensar que faltar varios domingos no te afectará, pero ¿cómo afectará al débil que está viendo cómo se comportan los cristianos más maduros y busca seguir su ejemplo? No olvidemos que Pablo también dijo: «Y por tu conocimiento se perderá el que es débil, el hermano por quien Cristo murió» (1 Cor. 8:11).

Me preocupa que muchos creyentes desconocen el mandato bíblico y simplemente ponen por encima del mandato a congregarse con su iglesia local otras actividades como fiestas familiares, pasadías dominicales, mero cansancio, enfermedades comunes o actividades extracurriculares de sus hijos. Se ausentan con regularidad y sin pensar en el efecto que su ausencia podría tener en otros. Pero más aún, muchos padres no ven que los creyentes con conciencia débil son sus propios hijos. Si faltan a la iglesia con regularidad, tus hijos pueden concluir que otras cosas toman prioridad sobre la reunión de la iglesia local. No nos sorprendamos si, cuando llegan a la juventud o adultez, no se aparecen por ninguna iglesia. Eso fue lo que les enseñamos y por eso deciden cuándo participar de acuerdo con sus propias prioridades. Llevar a tus hijos fielmente a la iglesia no garantiza que ellos serán creyentes, pero al menos sus conciencias serán educadas de forma correcta. En mi caso, mi deseo es que las conciencias de mis hijos no sean débiles, y si en la adultez deciden congregarse o no, al menos podrán decir que su familia tenía conocimiento bíblico y que buscaba aplicarlo con fidelidad.

Puedo concluir que la Biblia entrega un mandato al creyente que lo obliga a tomar con seriedad el congregarse. El autor de Hebreos habla con suma claridad de ese mandato: «no dejando de congregarnos, como algunos tienen por costumbre, sino exhortándonos unos a otros, y mucho más al ver que el día se acerca» (Heb. 10:25). En este caso, es para poder animar a todos los creyentes que están en peligro de abandonar la fe. Nuestra presencia afirma la realidad del pacto en otros y es una afirmación de que Dios nos está sustentando. Nuestra asistencia a la iglesia y la participación en la cena es una manifestación pública de que no estamos disciplinados y que estamos en plena comunión con el grupo de hermanos que le pertenecen a Cristo y se sujetan a Su autoridad en la iglesia.

Entonces, tiene ciertos aspectos de conciencia en cuanto a la forma de la práctica, pero no uno que nos excuse para faltar. Una conciencia informada por la Palabra de Dios dictará la forma más adecuada de observar esta gloriosa oportunidad dominical en que Dios nos recuerda una vez más que somos suyos. No intentes usar la conciencia para justificar tus ausencias, sino imprímele el conocimiento de la Palabra y disfruta de la abundancia de ser parte de la asamblea del Señor.

¿ES EL CATOLICISMO UNA RELIGIÓN CRISTIANA?

Algunos se preguntarán por qué tocar este tema en un libro sobre la conciencia. Es de suma importancia mostrar que hay temas en donde no hay espacio para dejar la convicción a la potestad de las conciencias personales. Podríamos pensar que se trata de una religión ajena a la nuestra y hasta usar el argumento de no juzgar, pero de una forma errónea. Somos llamados a juzgar ciertas ideas, acciones y teologías no solo porque las evaluamos como incorrectas, sino también como no salvíficas. Mi respuesta corta a la pregunta presentada es: «no». No podemos contar al catolicismo como una religión cristiana verdadera porque su mensaje esencial no es el mensaje del evangelio.

Hay otra preguntas más importantes. ¿Puede ser salva una persona que observa la religión católica? Creo que desde una perspectiva bíblica, la respuesta es: «no». Una persona que cree los dogmas de Roma no puede ser salva porque su entendimiento del evangelio no lleva a la salvación. De seguro habrás escuchado a personas que plantean otros escenarios en donde personas católicas podrían ser salvas luego de las negativas presentadas. No negaré que Dios puede salvar a alguien cuando está en circunstancias que no son óptimas. Si llega a ser una persona regenerada por el Espíritu, lo más probable es que en poco tiempo se dará cuenta de que lo que enseña la iglesia de Roma no es el evangelio. Esto lo hará salir de esa iglesia para buscar un lugar en donde pueda ser nutrido por predicación bíblica y la observancia correcta de los sacramentos. Pienso que lo mismo aplica para iglesias donde se predica de forma excesiva el evangelio de la prosperidad; iglesias como la de Guillermo Maldonado y Cash Luna, entre otros.

La mayor complicación con el catolicismo es que hay muchos aspectos que compartimos de nuestra historia, lenguaje y hasta doctrinas. Compartimos algunas de las doctrinas más importantes dentro del cristianismo, pero diferimos en algunas que consideramos fundamentales; en especial, la doctrina de la justificación. A continuación, voy a presentar algunos argumentos que demuestran por qué no debemos considerar a los católicos como cristianos. No quisiera que se piense que mi deseo es ser elitista o malvado. Mi mayor preocupación es que si no tenemos un desarrollo correcto de este tema, entonces no evangelizaremos a personas que realmente necesitan ser evangelizadas. Muchas veces, deseamos creer que la abuelita o el tío son creyentes porque se muestran piadosos o religiosos. Tenemos que entender que las acciones u obras no son la base de la salvación, sino una declaración ortodoxa basada en la verdad anunciada en las Escrituras y una confianza en tal declaración. La fe sin obras es muerta, pero si la fe no es la correcta, las obras son también muerte.

También es notable observar cómo las personas buscan cierto consuelo luego de la partida de seres queridos que no profesaban una fe salvífica. Esas personas anhelan que sus familiares que murieron siendo católicos estén en la presencia del Señor. Sin embargo, buscar esa clase de consuelo atenta contra la verdadera esperanza del evangelio y hace que se deposite la esperanza en aspectos subjetivos y no en la verdad objetiva de la obra de Jesucristo en la cruz del Calvario. Finalmente, aunque deseamos ver a nuestros seres queridos en la presencia de Dios, no reducimos la gloria del evangelio a un sentido de falsa seguridad. Nuestra esperanza y consuelo solo están en lo que Jesús hizo, y en medio de la realidad dolorosa, nos podemos regocijar en que Dios será finalmente glorificado en todo. A continuación, algunos argumentos que nos deben ayudar en este tema.

Mi hermana ha sido misionera en Argentina por más de dieciséis años. Se casó con un mendocino, y tengo dos sobrinas nacidas y criadas en Argentina. He tenido el privilegio de visitar ese hermoso país en tres ocasiones, y debo decirles que me encanta el país; especialmente Recoleta, las cataratas de Iguazú, Bariloche, el Aconcagua y la carne asada. Le tengo un amor especial a Argentina y a los argentinos, producto de mis lazos tan estrechos con el país. Entonces podría surgir la pregunta: ¿cómo debo reaccionar a la elección de un papa argentino? He visto muchos evangélicos hispanos que reaccionaron con gozo en las redes sociales cuando se eligió al primer papa latinoamericano. Me llegó a sorprender la respuesta tan positiva, porque la figura del papa no es una que seguimos ni respaldamos los protestantes.

Se han propiciado muchos esfuerzos ecuménicos para tratar de aliviar las diferencias entre la Iglesia católica y los evangélicos en los últimos años. Pero estos esfuerzos siempre terminan en el mismo lugar. Tenemos muchas enseñanzas en común: la doctrina de la Trinidad, la deidad de Cristo, el nacimiento virginal, etc. Pero es indudable que tenemos diferencias fundamentales en nuestra soteriología (doctrina de salvación), diferencias eclesiásticas y en la creencia de la infalibilidad papal; todo esto sin mencionar la veneración mariana y la oración a los santos. La figura del papa representa una de las principales razones por la que evangélicos y católicos no pueden llegar a una reconciliación doctrinal. Los católicos creen que las palabras del papa son inerrantes cuando habla *ex cathedra*. Esto quiere decir que no puede errar y que sus edictos están al nivel de las Santas Escrituras en aspectos de fe y moral.

Los evangélicos creemos que solo la Biblia puede hablar con esa autoridad inerrante e infalible. Por eso, para mí no hace diferencia si el papa es europeo o latinoamericano, ya que como evangélico, su autoridad no tiene ningún impacto sobre mi vida. Mi posición sobre la Iglesia católica puede ser controversial en estos tiempos, pero yo no veo esta iglesia como una verdadera iglesia, puesto que predica un evangelio falso. La necesidad de oponerse y denunciar cuando se predica un evangelio falso fue proclamado por Pablo en su carta a los Gálatas. Allí ataca fuertemente el entendimiento erróneo de los falsos maestros cuando predican un evangelio falso que no está basado en la justificación por fe. Este no es un aspecto secundario a la fe cristiana, sino uno central y fundamental. La diferencia principal entre católicos y protestantes se hace visible cuando se responde la pregunta: «¿Cómo somos salvos?».

Los católicos afirman que son salvos por la gracia infundida en ellos y esto los hace llegar a un estado de justicia o rectitud. La justificación protestante dice que somos salvos por fe, por medio de la imputación de la justicia de Cristo; es decir, que se nos da la justicia o rectitud de Cristo por fe. Pablo dice: «Y creyó Abraham a Dios, y le fue contado por justicia» (Rom. 4:3). La Biblia es clara en eso porque la única forma de ser salvo es por medio de la fe en Cristo y Su justicia imputada. Al pastor John Piper le preguntaron: «¿Qué haría si tuviera dos minutos para hablar con el papa?».[11] Él respondió: «Pienso que la Reforma no ha terminado. Lo que pasa es que pienso que no ha sucedido un cambio suficiente en el entendimiento de la justificación y varias otras áreas en Roma». Además, dice que le preguntaría al papa: «¿Ustedes enseñan que debemos confiar plenamente en la justicia de Cristo imputada a nosotros por fe solamente como la base para que Dios nos acepte, y que luego de esto viene la santificación?». Si dijera que no, Piper le diría: «Pienso que en el núcleo de la teología católica, hay una herejía».

Por consiguiente, parte de la misión de la iglesia evangélica es evangelizar con el verdadero evangelio a personas católicas para que ellas puedan conocer el evangelio bíblico de la gracia. La elección de un papa hispano me causa cierta preocupación, porque podría darle fuerza a la Iglesia católica en Latinoamérica y podría afectar su evangelización. Como buen reformado, sé que la elección de este papa no escapa a la soberanía de Dios, pero mi oración es que esto no detenga el crecimiento del evangelio verdadero en nuestra región.

Es importante aclarar que, aunque tenemos grandes diferencias doctrinales, no podemos dejar de estar agradecidos de que Dios, en Su gracia, permita que una figura política y religiosa como el papa

---

[11]https://www.desiringgod.org/interviews/if-you-had-two-minutes-to-talk-with-the-pope-what-would-you-say-to-him.

luche en favor de los derechos de aquellos que no han nacido y busque mantener la integridad del matrimonio entre un hombre y una mujer. Considero que no importa de qué continente venga el papa —sea europeo, africano o americano—, pero sí estamos agradecidos de tener un aliado en estas causas vitales tan importantes. Sin embargo, nada de esto cambia la realidad de que el papa suscribe a un evangelio que no es el verdadero. En ningún momento estoy fomentando o incitando al odio o el desprecio a los católicos. En este mundo postmoderno, confundimos el desacuerdo con el odio o la falta de tolerancia con desprecio. Lo que estoy diciendo es que los evangélicos somos conocedores del verdadero evangelio de la salvación por medio de la imputación de la justicia de Cristo, y por eso amamos tanto a los católicos que no dejamos de decirles que, para conocer a Cristo, deben conocer el verdadero evangelio. Considero que los evangélicos hispanos necesitan saber que la Iglesia católica no necesita un papa hispano, sino un arrepentimiento genuino por cientos de años de predicar otro evangelio. Me preocupa que pensemos que no tenemos que predicar el evangelio a católicos. Esto lo digo con absoluta certeza, porque si un católico cree los dogmas católicos sobre salvación, entonces decididamente no ha conocido el verdadero evangelio. Los católicos necesitan escuchar las buenas nuevas de salvación proclamadas en las Escrituras. Prediquemos la infinita gracia de Dios en Cristo con amor y misericordia a católicos, musulmanes, ateos y a todos aquellos que no han conocido el verdadero evangelio.

Hace unos años, el cantante evangélico Alex Campos aceptó una invitación para participar en un concierto denominado «Siendo uno en Jesús», en el Vaticano. Él participó junto a otros artistas, incluidos católicos, y contó con el papa mismo entre la audiencia.[12] Esto causó gran controversia en la comunidad evangélica, que continuamente debate si es correcto o no para un ministro evangélico participar de una actividad de esta índole, aún más en el centro mismo del catolicismo. Por supuesto, todo el mundo tiene una opinión, pero

---

[12]https://www.acontecercristiano.net/2015/02/alex-campos-en-el-vaticano-junto-al.html

a nosotros, como creyentes, lo que más nos interesa es conocer la voluntad de Dios revelada en las Escrituras.

DE LA REFORMA HASTA HOY

La Iglesia protestante nace de una fractura creada por Martín Lutero, quien encontró que la predicación de la Iglesia católica era contraria a la Palabra de Dios en diversos asuntos importantes. Básicamente, como ya lo he mencionado, la diferencia fundamental en el tema de la salvación es que los protestantes creemos que somos salvos por la imputación de la justicia de Cristo (2 Cor. 5:21; Fil. 3:9). La obediencia de Cristo es otorgada al creyente al estar unido a Jesús por medio de la fe en la obra completa de Cristo para salvarnos (Rom. 5:1-2, 19). Por su parte, la Iglesia católica enseña que somos salvos por una infusión de gracia, la cual nos permite crecer en justicia (obras justas) hasta el momento en que somos declarados justos o rectos por la realización de estas obras. Este tema es tan importante que solo una de las dos posiciones puede ser correcta; no hay punto medio.

¿Cuál fue la respuesta de la Iglesia católica a la Reforma protestante en la llamada Contrarreforma? En el Concilio de Trento, se declara:

- CANON IX. «Si alguno dijere que el pecador se justifica con solo la fe, entendiendo que no se requiere otra cosa alguna que coopere a conseguir la gracia de la justificación, y que de ningún modo es necesario que se prepare y disponga con el movimiento de su voluntad, sea anatema».
- CANON XXIV. «Si alguno dijere que la justicia recibida no se conserva, ni tampoco se aumenta en la presencia de Dios, por las buenas obras, sino que estas son únicamente frutos y señales de la justificación que se alcanzó, pero no causa que se aumente, sea anatema».
- CANON XXX. «Si alguno dijere que, recibida la gracia de la justificación, de tal modo se le perdona a todo pecador

arrepentido la culpa, y se le borra el reato de la pena eterna, que no le queda reato de pena alguna temporal que pagar, o en este siglo, o en el futuro en el purgatorio, antes que se le pueda franquear la entrada en el reino de los cielos; sea anatema».

• CANON XXXIII. «Si alguno dijere que la doctrina católica sobre la justificación expresada en el presente decreto por el santo Concilio deroga en alguna parte a la gloria de Dios, o a los méritos de Jesucristo nuestro Señor; y no más bien que se ilustra con ella la verdad de nuestra fe, y finalmente la gloria de Dios, y de Jesucristo; sea anatema».

El documento católico termina diciendo: «Este concilio declara que todo aquel que esté en desacuerdo con él es maldito». Si creemos la doctrina de justificación de los protestantes, entonces delante de la Iglesia católica somos anatemas, condenados. El Concilio Vaticano II trató de suavizar este lenguaje, pero la doctrina de la infalibilidad papal hace que sea inadmisible retractarse.

¿QUÉ HARÍA JESÚS?

La pregunta que llevó al cantante a aceptar la invitación fue la frase muy popular: «¿Qué haría Jesús?». Esta es una frase muy directa que aparenta cierta nobleza, y no dudo de que sea una inquietud genuina. Sin embargo, entiendo que hay una pregunta más adecuada para nosotros y que requiere menos especulación:

¿Cuál es el llamado de la Palabra de Dios a obedecerle en este instante?

Las diferencias doctrinales entre católicos y protestantes son tan grandes en cuanto a la esencia misma del evangelio y de la salvación que, si los protestantes estamos en lo correcto, la Iglesia católica quedaría como portavoz de un falso evangelio. La Biblia dice claramente que no nos asociemos con los que practican esas creencias:

Y os ruego, hermanos, que vigiléis a los que causan disensiones y tropiezos contra las enseñanzas que vosotros aprendisteis, y que os apartéis de ellos. (Rom. 16:17)

Me maravillo de que tan pronto hayáis abandonado al que os llamó por la gracia de Cristo, para seguir un evangelio diferente; que en realidad no es otro evangelio, sólo que hay algunos que os perturban y quieren pervertir el evangelio de Cristo. Pero si aun nosotros, o un ángel del cielo, os anunciara otro evangelio contrario al que os hemos anunciado, sea anatema. (Gál. 1:6-8)

UN EJEMPLO EN EL NUEVO TESTAMENTO

Considero que cualquiera que esté en una situación similar debe meditar en la carta a los gálatas antes de tomar una decisión. Allí vemos que Pablo reprende fuertemente a Pedro por actuar contrario al evangelio y así predicar un evangelio falso (Gál. 2:11-21). Cuando Pedro se negó a unirse a la mesa con los gentiles, estaba proclamando con sus hechos que para ser salvo había que ser judío, y le estaba poniendo condiciones no bíblicas a la salvación que es otorgada solo por fe. Pablo reprochó duramente a Pedro y a la iglesia de Galacia, hasta el punto de poner en juego su comunión con ellos. El apóstol Pablo sabía que la verdadera unidad nace de la unidad doctrinal en todos los aspectos vitales que definen el evangelio. No existe ninguna otra manera y por eso cualquier tensión doctrinal pone en juego esa unidad.

UNIDAD EN TORNO A LA VERDAD, NO A EXPENSAS DE LA VERDAD

Muchos dicen que lo importante es que amemos a Jesús. Pero la verdad bíblica afirma con claridad que solamente podemos amar verdaderamente a Jesús por medio del verdadero evangelio. No hay otra forma de llegar al Padre que no sea por la obra redentora de Cristo (Juan 14:6). Jesús mismo dijo que, si realmente lo amamos, entonces guardaremos Sus mandamientos (Juan 14:15). Muchas veces queremos lograr la unidad a toda costa, pero no podemos tener unidad a expensas de la verdad.

No creo que sea posible tener una relación ecuménica con los católicos. Sin duda hay muchas doctrinas importantes que tenemos en común, como la Trinidad. Sin embargo, somos radicalmente diferentes en la doctrina de vital importancia para nuestra salvación proclamada en el evangelio.[13] Cuando estemos delante de Dios al final de los días, unos serán condenados y otros entrarán al reino. La Biblia dice con claridad que no hay dos opciones. Cuando miro la Escritura, la única fuente de autoridad absoluta, para mí es claro que la salvación es solo por fe, solo por gracia, solo a través de Cristo y solo para la gloria de Dios. Entonces, somos salvos solo por fe o somos condenados.

No quisiera que se piense que estoy proponiendo que no debemos tener amigos católicos o que debemos dejar de compartir con nuestros familiares católicos. Pero que un ministro evangélico cante en el Vaticano sobre la unidad en Jesús entre protestantes y católicos es una negación al mensaje clarísimo entregado en las Escrituras sobre aquello que es el fundamento de la unidad.

Sin duda, los creyentes debemos compartir y hasta participar de actividades con no creyentes. Pero la razón para tales actividades es un amor que en algún momento manifestará principalmente el evangelio. Debemos cuidarnos de presentar una comunión con la Iglesia católica que puede traer confusión a aquellos que están en tinieblas aunque creen que están en luz. Esto no sería una muestra de amor para aquellos que necesitan salvación ni para Aquel que murió para salvarnos.

Por ende, estoy convencido de que a una persona que afirma ser católica debe tratársela como una persona no creyente. Es posible que pudiera existir alguna parroquia católica en algún lugar remoto que predica el verdadero evangelio, que pueda haber creyentes verdaderos en países con persecución religiosa en donde solo pueden

---

[13]https://www.coalicionporelevangelio.org/articulo/se-termino-la-reforma/

recibir alguna lectura bíblica dentro de un entorno católico y, por ende, no tienen otra alternativa; podría ser una realidad. Pero estos casos atípicos no deben regir nuestra visión sobre la mayoría. ¡Que Dios tenga misericordia de nosotros y que solo Cristo sea nuestra visión de salvación! Entonces, mi conclusión es que ser católico no es un aspecto de libertad de conciencia.

¿ES EL SUICIDIO EL PECADO NO PERDONABLE?

Servir a la iglesia es un gozo para todo pastor. El Señor me asignó un rol en Su reino que me ha permitido disfrutar de ver la obra del evangelio transformando vidas y ver crecer la iglesia del Dios vivo para Su gloria. Pero como pastor, no solo experimento momentos de suma satisfacción, sino también momentos de mucha dificultad. Vivimos en un mundo de pecado, sufrimiento, lágrimas y dolor. Solamente el pastor que ha sido llamado por Dios podrá sobrevivir en esa tarea. La carga por la iglesia que Pablo expresó en su segunda carta a los corintios puede robarle el gozo a una persona que no esté centrada en las verdades del evangelio (2 Cor. 11:28). Un pastor se debe enfrentar con frecuencia a la llamada horrible que le informa que un miembro de la iglesia atentó contra su vida. Estamos hablando de un momento delicado y frágil, no solo en la vida de esa persona, sino de toda la iglesia. El pastor debe velar por la persona si es que el Señor no permitió que se quitase la vida. También debe velar por la familia y la iglesia. En el peor de los casos, el pastor debe cuidar de la congregación mientras están en una funeraria o un cementerio.

Pocas cosas deben traer el temor de Dios a la vida de un pastor como estas situaciones donde nuestras palabras y cuidado tienen un significado profundo para el futuro de la iglesia. Yo viví el primero de los casos en más de una ocasión y, por la gracia de Dios, nuestra iglesia fue fortalecida en medio de este difícil proceso, porque por medio del Espíritu Santo, la Palabra de Dios informó nuestras acciones y actitudes.

¿POR QUÉ ESCRIBIR SOBRE ESTAS COSAS?

El suicidio es un tema doloroso que requiere respuestas y del que muchas personas quieren estar informadas. Algunos, tal vez, porque un ser querido se suicidó, otros quizás porque batallan con pensamientos suicidas, y un tercer grupo quiere saber cómo pensar bíblicamente sobre este tema por si tiene que ayudar a alguien en el futuro. Es de extrema importancia que los pastores podamos educar a la congregación con verdad bíblica sólida que ayude a procesar este delicado tema por medio del filtro de la Palabra de Dios. Todo pastor tiene la obligación de prepararse en términos doctrinales para llegar a convicciones bíblicas que lo ayuden en sus tareas pastorales. Es de suma importancia que cada pastor tome el tiempo necesario para prepararse, para poder tener una base doctrinal sobre el suicidio. Queremos que nuestras convicciones vengan de un estudio profundo de las Escrituras y no de sensibilidades culturales infundidas en nuestra sociedad por diferentes fuentes.

Uno de los grandes problemas en la iglesia evangélica en Latinoamérica es que, sin darnos cuenta, pareciera que queremos volver a Roma en muchos temas teológicos. En vez de hacer un estudio profundo y actual, simplemente dejamos que lo que nos enseñaron de pequeños dicte nuestras convicciones. El suicidio es uno de estos temas donde muchos no han estudiado con responsabilidad y profundidad la Palabra y simplemente sus respuestas denotan que están más informados por sus sensibilidades culturales. Más allá de saber que podemos llegar a diferentes conclusiones, lo importante es llegar a ellas por medio del estudio de la Palabra de Dios. Debemos procesar con sumo cuidado nuestras conclusiones teológicas para luego comunicarlas de una forma pastoral que se ajuste a cada situación. Cada caso de suicidio tiene diferentes variantes que tienden a afectar lo que vayamos a comunicar en el momento. Debemos formularnos preguntas como las siguientes:

- ¿Era un creyente que daba fruto de salvación en su vida?
- ¿Qué tipo de situación lo llevó a cometer este acto?

- ¿Era un paciente con alguna condición física o mental?
- ¿Esa condición hacía que la persona perdiera su facultad de procesar emociones e información de forma racional?

Entiendo que un verdadero creyente puede llegar a cometer suicidio. Pero como pastor, no tengo la certeza de que toda persona que cometiera suicidio en mi congregación murió siendo salva. Hay muchas variantes que afectan esa respuesta. Es de importancia extrema que, cuando comuniquemos el argumento teológico, seamos intencionales en no alentar a nadie a cometer suicidio bajo la esperanza de que será salvo. Por ejemplo, alguien puede llegar por diferentes circunstancias a un punto tal de desánimo en su vida que lo lleva a pensar que sería mejor terminar con su vida y descansar con su llegada al cielo. *Ese no es un pensamiento bíblico.* Dios es el que da y quita la vida, y pensar en quitar la vida por uno mismo es un pecado de extrema rebeldía, donde le decimos al soberano Dios que nosotros tenemos el control de cuándo terminar con nuestro sufrimiento, en lugar de sufrir para la gloria de Dios.

Si un adolescente me hace esta pregunta, puedo informarle teológicamente que no hay ningún pecado que la sangre de Cristo no pueda cubrir, con excepción de la blasfemia contra el Espíritu Santo, que es el pecado de apostasía. Pero también le digo que sería muy necio para alguien no cuidar su salvación con temor y temblor y quitarse la vida pensando que no hay problema porque «voy a ser salvo». La Palabra de Dios tiene advertencias muy serias que deben desanimarnos de cometer un pecado de esa naturaleza.

Si nos encontráramos en el funeral de una persona que cometió suicidio, podemos comunicar que Cristo está sobre todo pecado y Su sangre puede cubrir los pecados pasados, presentes y futuros de todo aquel que es un verdadero creyente. Es cierto que no podemos saber con certeza quiénes mueren salvos y quiénes no, pero sí podemos tener una mayor o menor confianza pastoral. En mi iglesia, hay varios ancianos de más de ochenta años que han sido fieles al evangelio por décadas. Mi nivel de confianza al hablar de su salvación será bien alto el día de sus funerales, porque ellos reflejaron frutos de salvación a lo largo de su vida terrenal (1 Juan). Ellos tienen una confesión ortodoxa del evangelio, dieron frutos por largo tiempo y aman a la iglesia de Cristo. No puedo tener el mismo nivel de confianza en un funeral de alguien que cometió suicidio. Sé que Cristo es el que salva, Él es mayor que todo pecado, pero el fruto reflejado trae duda sobre la veracidad de la conversión de esa persona desde el punto de vista pastoral. Por lo tanto, voy a cuidar lo que comunico con referencia a la salvación de esa persona.

Es importante decirles que estoy escribiendo sobre este tema como alguien que ha sido tocado de manera cercana. Una persona que amo profundamente se quitó la vida y son esos momentos donde la teología de cada uno se hace visible. Que Dios nos llene de compasión y gracia para comunicar Sus verdades en momentos tan difíciles y que podamos ser fieles para representarlo de una forma clara y sin comprometer las verdades del evangelio.

La mayoría de los casos de las personas que cometieron suicidio en la Biblia no comunican que fueran salvos, como el caso del rey Saúl y de Judas. Por otro lado, podríamos decir que Sansón cometió suicidio cuando destruyó las columnas del palacio, y el libro de Hebreos lo presenta como un ejemplo de fe y como uno que heredó la promesa. El caso de Sansón no es claro como para poder llegar a una conclusión contundente. Por lo tanto, quisiera enfatizar una vez más que ningún creyente debe tomar la decisión de quitarse la vida con la esperanza de ganar el cielo. Por el contrario, debemos entender que el evangelio puede cubrir a alguien que toma una decisión enajenado y no con sus capacidades mentales plenas, alguien que no sabe con certeza lo que está cometiendo. Por otro lado, si alguien se quita la vida con plena certeza, podría ser visto como un apóstata que no confió en el evangelio y no vio a Jesucristo como suficiente en medio de cualquier situación que se esté atravesando.

Mientras estamos hablando de la muerte, no quisiera pasar por alto otro tema de libertad de conciencia como el de visitar la tumba de seres queridos. La pregunta es si un cristiano debe visitar la tumba de sus seres queridos. ¿Debe? No necesariamente. ¿Puede? Claro que puede visitar la tumba de un ser querido, si es que la persona era creyente. Jesús mismo visitó la tumba de Lázaro (Juan 11:28-44). También vemos que se visitó la tumba de Jesús antes de Su resurrección: «Pasado el día de reposo, al amanecer del primer día de la semana, María Magdalena y la otra María vinieron a ver el sepulcro» (Mat. 28:1). Entonces podemos afirmar que no hay ninguna prohibición en la Escritura que impida que los creyentes vayan a visitar la tumba de un ser querido.

En conclusión, es importante que siempre nos preguntemos en todo lo que hacemos: «¿Cuál es la motivación? ¿Es bíblica?». En el caso anterior, la razón por la que es bíblica sería porque es para rendir honor a un ser querido, recordar a la persona que amamos y porque puede ser también de mucha importancia en el proceso de duelo, porque hay un proceso de despedida para los deudos de la persona fallecida.

Pero algo importante que los creyentes debemos tener en cuenta desde el punto de vista bíblico es que no hacemos esa visita al sepulcro para tener un sentido de la presencia de la persona y menos para tener cercanía con la persona. Las Escrituras declaran con absoluta claridad que cuando las personas fallecen pasan a la presencia del Señor. No tendremos acceso a ellos hasta el día en que nosotros también muramos. Pablo les escribe a los tesalonicenses de una manera que nos ayuda a procesar la muerte de un ser querido:

Pero no queremos, hermanos, que ignoréis acerca de los que duermen para que no os entristezcáis como lo hacen los demás que no tienen esperanza. Porque si creemos que Jesús murió y resucitó, así también Dios traerá con Él a los que durmieron en Jesús. (1 Tes. 4:13-14)

Así que nosotros nos despedimos y nos entristecemos, pero no lo hacemos de la misma forma que los incrédulos, sino con esperanza porque sabemos que un día el Señor nos levantará de los muertos.

Hace una semana, estaba con mi familia visitando Nueva York y estábamos en un *tour* histórico alrededor de la figura de Alexander Hamilton. Fuimos a la Iglesia Trinity en la parte baja de Manhattan, donde está la tumba de Hamilton. Tengo que reconocer que no me llamó la atención la tumba de Hamilton, sino que está rodeada de muchas tumbas ubicadas al lado de la iglesia. Los creyentes enterraban a sus seres queridos cerca de la iglesia porque creían que en el día de la resurrección todos iban a levantarse en el mismo momento y experimentarían juntos la presencia de Dios. Así que nuestra esperanza es que volveremos a ver a aquellos que han muerto en el Señor. Pablo lo explicó así: «Mas ahora Cristo ha resucitado de entre los muertos, primicias de los que durmieron» (1 Cor. 15:20). Así que podemos visitar la tumba de aquellos seres queridos, pero con las motivaciones correctas, formadas por las Escrituras, con la esperanza fundada en el evangelio de que un día volveremos a ver a aquellos que murieron en el Señor.

Luego de revisar estos casos, podemos concluir que hay aspectos de la vida de la iglesia que están abiertos a la libertad de conciencia y otros no lo están. Es de suma importancia que nuestras decisiones para cualquier caso sean informadas por la Palabra de Dios y no por meros argumentos o sentimentalismos humanos. La forma en que adoramos, la versión de la Biblia que usamos, cómo nos vestimos o nuestra liturgia son decisiones importantes y no casuales. Así que les dedicamos el tiempo necesario para que con buena conciencia podamos decir que estamos informados.

Por otra parte, hay cosas que no son negociables. Donde el evangelio es atacado o erosionado, allí declaramos con firmeza que es rebeldía contra Dios lo que nos mueva fuera del mismo.

Capítulo 10

Algunas aplicaciones prácticas
Segunda parte

LA CONCIENCIA Y LA POLÍTICA

Durante un tiempo, se ha visto a la cultura de Estados Unidos pasar con mayor fuerza a ideologías que no son compatibles con la cosmovisión bíblica. Entre esos grandes cambios, encontramos los llamados a establecer una justicia social con características muy particulares, políticos con agendas abortistas y la creación de una dependencia no saludable entre la población y el estado. Me pregunto: ¿debe el creyente participar en la política? ¿Son nuestras opiniones en estos casos importantes? El involucramiento político es un aspecto de conciencia entre los creyentes, pero también debemos considerar que hay ideas y filosofías que no podemos abrazar o afirmar porque son completamente contrarias a las enseñanzas que presenta la Biblia.

Creo sinceramente que el creyente puede y debe participar en aspectos políticos de la sociedad. Esto no quiere decir que somos o debemos ser políticos profesionales, pero sí que estamos interesados en el bien de la sociedad que se logra a través de procesos políticos. También es importante aclarar que nuestra lealtad principal nunca la entregaremos a partidos políticos ni nuestra esperanza final dependerá del proceso político, pero sí, tal como Abraham Kuyper lo presentó y modeló, deseamos ver la supremacía de Cristo gobernando todas las esferas de la vida. Por ejemplo, deseamos ver la abolición del aborto

143

por completo y, para que esto sea posible, el creyente debe participar a nivel político para promover y defender las leyes que protejan la vida del indefenso.

Nosotros somos ciudadanos del reino de los cielos y nuestra mayor lealtad es a nuestro Señor y Su reino. Pero esto no niega que todavía seamos parte de este mundo y podamos ver aspectos de gracia común que benefician a la sociedad en general por medio de procesos políticos. Por ejemplo, existen posturas ideológicas políticas y económicas que abarcan y que buscan orientar toda la vida y las acciones de la sociedad, como el socialismo o el libre mercado. Sin embargo, los cristianos no confiamos por completo en ninguna de esas opciones. Abrazar esas ideologías por completo limita la capacidad filosófica y de reflexión de la realidad del creyente y por eso debemos reconocer de forma fundamental que ninguna ideología es el evangelio, aunque sí podamos ver algunas de ellas como más compatibles con la cosmovisión bíblica.

Por ejemplo, soy de la opinión que el socialismo parece una idea muy noble en el papel, pero sus orígenes y propósitos discrepan con las enseñanzas de la Biblia. He escuchado a algunos usar textos como el de Hechos 2, donde creyentes compartían sus bienes, para justificar alguna idea socialista. Sin embargo, la centralidad del texto radica en que la generosidad de los cristianos era algo voluntario. No era tomar por la fuerza los bienes individuales por parte del estado para repartirlos de una forma supuestamente equitativa con la sociedad. Por otro lado, el socialismo nace de ideas materialistas que no tienen fundamento donde hay un mundo metafísico. Esto quiere decir que el socialismo niega completamente la idea de un Dios y reduce a nada Su imagen en el ser humano. Por eso considero que el socialismo no debería ser aceptado como un aspecto de libertad de conciencia, sino que los creyentes deben rechazar esta idea porque es un tipo de evangelio que contradice el de Jesucristo en su fundamento. Toda cosmovisión que ofrece una utopía en el presente no es compatible con la necesidad de un Salvador divino y redentor.

Lo dicho anteriormente no significa implícitamente que estoy reconociendo al libre mercado como un sistema cristiano. Sin embargo, sí considero que ampliamente sus postulados afirman verdades bíblicas. El libre mercado afirma conceptos de libertad similares a la realidad bíblica en la que, por ejemplo, Dios nos salva para ser libres. La libertad es un concepto bíblico porque afirma la dignidad del ser humano para poder llevar a cabo las responsabilidades que Dios nos llama a cumplir. Dios no es un Dios que nos coacciona a obedecerle, sino que nos salva de la esclavitud del pecado para que seamos verdaderamente libres para servirle. El libre mercado afirma la dignidad del ser humano al propagar ideas que lo presentan como un ente responsable que puede tomar decisiones inteligentes y que no es simplemente un ser indefenso que requiere depender del estado para su bienestar.

Entonces, cuando hablemos de la diferencia entre socialismo y libre mercado, tendremos que considerar que no estaremos hablando de una decisión de libertad de conciencia si las ideas que estamos promoviendo están fundamentadas en una cosmovisión que no es compatible con principios bíblicos. Te podrías preguntar: ¿el libre mercado está libre de defectos? Claro que no. Al ser un pensamiento humano imperfecto, siempre tendrá muchos peligros que pueden llevar a idolatrarlo como absoluto y podría promover la entrega de los individuos al materialismo y al consumismo. Pero estas debilidades no niegan la realidad de otros aspectos que tienen más relación con la Biblia y que afirman la imagen de Dios en el ser humano. El creyente que defienda el libre mercado debe estar atento de nunca practicarlo desligado de la virtud, la generosidad y la compasión para el necesitado. Pero tampoco debe sentirse avergonzado de pensar que, dentro de las alternativas que tenemos en un mundo caído, el libre mercado es aquella que nos podría permitir practicar con mayor fidelidad nuestras responsabilidades ante Dios.

Por ende, debemos entender los mensajes erróneos que nos desean presentar, entre ellos, el más común que estamos viendo es el falso evangelio de marxismo cultural reflejado por la justicia social.

LA CONCIENCIA Y EL PELIGRO
DEL MARXISMO CULTURAL

El evangelio merece toda nuestra lealtad, aprecio y cuidado. Nuestra prioridad como creyentes es predicar, atesorar y vivir las gloriosas verdades de la obra redentora de Cristo. La forma principal en que hacemos esto es proclamando a Cristo y a este crucificado (1 Cor. 2:2). Nuestros púlpitos, conversaciones y perfiles en las redes sociales deben estar repletos de la verdad de que Cristo es nuestro mayor tesoro y satisfacción. Otra forma en que reflejamos nuestro compromiso con el evangelio es identificando y combatiendo filosofías erróneas que pueden socavar la verdad en nuestras vidas, familias, iglesias y la sociedad en general.

Muchos en nuestra región nos hemos concentrado en batallar contra los efectos del evangelio de la prosperidad. Concuerdo con la idea de terminar con este horrendo mensaje, pero en ocasiones, pienso que pasamos demasiado tiempo atacando la falsedad en lugar de mostrar la belleza de Cristo. Considero que el evangelio de la prosperidad es peligroso, pero el marxismo cultural disfrazado de justicia es todavía más peligroso. El evangelio de la prosperidad es una herejía que debe ser fácil de discernir para un verdadero creyente, pero en estos tiempos, pienso que hay otro enemigo al que debemos prestar mucha atención para combatirlo con el mensaje del evangelio. Estoy hablando del marxismo cultural.

El marxismo cultural es muy peligroso porque no es simplemente una herejía que afecta la iglesia. Se trata de una cosmovisión que presenta una interpretación de la realidad y una forma de vida contrarias a la Palabra de Dios. Yo sirvo como pastor en los Estados Unidos, y aquí el tema del marxismo cultural ha salido a relucir luego de las manifestaciones contra el racismo como consecuencia de la muerte de George Floyd en mayo de 2020. Todos podemos estar de acuerdo con que todo tipo de discriminación es pecado. También entendemos que la brutalidad policial es horrenda. Lo que tenemos que cuidar es que se utilicen causas justas para mover agendas malvadas. Todo creyente debe estar en contra de la discriminación, pero también debe estar atento a no apoyar filosofías erróneas que se usan en el activismo público. Lo anterior me lleva a advertir que siempre habrá aspectos redimibles en casi toda cosmovisión. En ese sentido, el marxismo cultural tiene un alto sentido de justicia y promueve la rectificación de los sufrimientos humanos. Estos impulsos están dentro de todo ser humano, porque llevamos la imagen de Dios en nosotros. Sin embargo, es importante entender que solo mediante las verdades bíblicas podemos buscar la justicia de forma correcta. Podemos errar cuando el ideal de justicia se basa en una visión no bíblica. Para el marxismo cultural, la justicia se entiende como igualdad de resultados, donde todo el mundo debe tener las mismas cosas. Por el contrario, un sentido de justicia bíblica entiende que todo ser humano merece lo que siembra. Poder darle al pobre lo que le necesita no se relaciona primeramente con un sentido de justicia, sino de misericordia. Debemos extender misericordia de forma práctica a personas que necesitan ayuda en la sociedad, pero afirmar que la desigualdad es simple o totalmente producto de la injusticia no tiene un fundamento bíblico.

Trataré de definir el marxismo cultural. Karl Marx desarrolló la filosofía comunista afirmando que la historia de la humanidad está caracterizada por la lucha de clases que se enfrentan para vencer la opresión económica. Entonces, el marxismo es, en esencia, una cosmovisión económica cuyos efectos se manifiestan en toda la sociedad.

Algunos filósofos han tomado los argumentos del marxismo y lo han llevado a otros aspectos de la cultura, dividiendo el mundo entre oprimidos y opresores. Se trata de una filosofía que busca la *igualdad de resultados* para todos y no la *igualdad de condiciones*. En el marxismo clásico, se busca la igualdad económica y en el cultural, la igualdad en todos los aspectos del ser humano.

¿ES LA IGUALDAD DE RESULTADOS UN PRINCIPIO BÍBLICO?

¿Quién podría oponerse a la búsqueda de igualdad para todos? Sin embargo, tenemos que entender qué tipo de igualdad se busca en el marxismo cultural y cuál sería la razón para oponernos a ella desde el punto de vista bíblico.

La Biblia afirma con claridad que todos tenemos igualdad de valor, oportunidades y derechos ante la ley, los cuales son definidos como libertad. Eso quiere decir que, como ser humano, tengo libertad para tomar decisiones que pueden resultar en mi beneficio o perjuicio. Sin embargo, la igualdad que se busca en el marxismo cultural es una igualdad de resultados. Esto implica una intervención en el entendimiento filosófico de lo que es un ser humano y su libertad. Si todos debemos tener lo mismo, entonces tengo que reprimir y tomar de lo que unos han ganado con su propio esfuerzo para que otros lo tengan. El marxismo clásico planteaba este mismo argumento pero en el ámbito económico. En cambio, el marxismo cultural lo lleva a todo nivel. Por ejemplo, es por eso que vemos cada vez más la definición no binaria de la sexualidad a través de lemas como: «Todos debemos ser iguales». Los creyentes debemos ser cautelosos, porque al apoyar la igualdad económica estamos, de alguna manera, afirmando filosóficamente el mismo argumento que respaldaría una cierta igualdad sexual que afirma la ideología de género y el igualitarismo.

Los marxistas abogan por la igualdad de resultados, mientras que la cosmovisión bíblica aboga por la igualdad de procesos. Esta última da lugar a la providencia de Dios en la que, por razones misteriosas que dan gloria a Dios, no todos somos iguales aunque tengamos el mismo valor al ser hechos a imagen de Dios. Es decir, no todos somos altos, bien parecidos o tenemos las mismas capacidades. Pero debemos abogar para que todos podamos tener los mismos derechos ante la ley. Somos diferentes, nuestras habilidades no son iguales y todos debemos esforzarnos por proveer el pan para nuestras mesas, pero gozamos de libertad y somos iguales ante la ley. Por el contrario, los marxistas ven el mundo como una guerra de jerarquías y privilegios, donde todo supuesto privilegio debe ser atacado para que el mundo tenga igualdad y seamos todos iguales.

LOS VERDADEROS OPRIMIDOS

Aunque parezca noble el deseo de ayudar a los oprimidos, es importante que se defina primero el significado de «oprimidos» y el efecto que tiene esa clasificación en la forma en que entendemos a las personas. El marxismo cultural, y el área de estudio donde se desarrolló la llamada teoría crítica, afirma que todo grupo minoritario en la cultura es oprimido. En especial, esa opresión se observa en los grupos sexuales que son minoritarios por su orientación. Parte del argumento es que no existe una moral universal debido a que es simplemente una construcción de la sociedad. Por lo tanto, un individuo es absolutamente libre para enfrentarse al *statu quo* y, en términos sexuales, escuchamos frases como: «Sé tú mismo» y «Expresa lo que está en ti», en donde ser «real a ti mismo y tus emociones» constituye el estado para la liberación total de toda opresión.

Esta filosofía ha propuesto el término «interseccionalidad» para referirse a la congruencia de categorías de opresión en las personas. Una persona tiene mayor autoridad moral para hablar de diferentes temas mientras más categorías de opresión tenga. Como resultado, tanto la Palabra de Dios como sus ministros pierden relevancia, porque solo los oprimidos tienen la autoridad para expresarse moralmente sobre ciertos temas. Aquí es donde nace la «cultura de cancelación», pues si no percibes la posición dramática de los oprimidos es porque no has despertado [*woke*] y debes ser «cancelado» y dejado fuera de la cultura y la sociedad en general. Por eso una transexual afroamericana goza de una mayor superioridad para hablar de moral que un pastor blanco heterosexual.

CUIDADO CON EL EJERCICIO DE ESCUCHAR Y LA VERDADERA COMPASIÓN

Considero que es un error que muchos cometen en este tiempo cuando dicen con cierta simpleza: «Tenemos que escucharlos».

Cuando hacemos esto, podríamos estar diciendo: «Tú eres el que monopoliza la verdad en este asunto... ilumíname». Sin embargo, en última instancia, sabemos que nuestras experiencias no dictan la verdad, sino solo la Palabra de Dios. No estoy diciendo que escuchar sus experiencias sea algo malo, sino que el problema peligroso radica en escucharlas sin evaluarlas a la luz de la Palabra de Dios.

Los creyentes estamos llamados por la Palabra de Dios a mostrar compasión hacia los oprimidos, pero aun esa compasión debe sujetarse al significado que la Biblia tiene para ella y no significa, por ningún motivo, abrazar filosofías que anulan la responsabilidad personal delante de Dios en las personas. La teoría crítica afirma que tus acciones son resultado de un grupo opresor en tu contra y, por lo tanto, no eres responsable debido a tus circunstancias opresivas, y por eso se retira todo veredicto de responsabilidad o culpabilidad a personas de grupos oprimidos, incluyendo hasta asesinatos, robos o crímenes violentos. En resumen, el individuo no es responsable, sino el supuesto sistema opresor.

Por otro lado, si perteneces al grupo opresor (por ejemplo, esa narrativa afirma que «los hombres oprimen a las mujeres»), eres un opresor responsable por solo haber permitido inconscientemente que el sistema se perpetúe, y el simple hecho de ser hombre te hace opresor. Como pueden notar, en ambos casos, el de opresor u oprimido, no hay un sentido de responsabilidad personal para este sistema filosófico. Mi esposa y mi hija deben verme como opresor, aunque yo sea un hombre que dé mi vida para servirles. Esto es contrario al evangelio, donde vemos que cada persona sin distinción rendirá cuentas a Dios en el día del juicio final y no tendrá excusas por sus acciones (Rom. 2:6).

Nuestra compasión debe mostrarse al presentar el evangelio como la solución al pecado, nuestra mayor opresión. Luego caminamos con los oprimidos para que tomen decisiones que reflejen la imagen de Dios en ellos. Al que no está trabajando, lo ayudamos a que busque trabajo (2 Tes. 3:10-12). El que está cometiendo crímenes, que los abandone y dirija su vida al bien (Ef. 4:28). El que está cometiendo inmoralidad sexual, que sea puro (1 Tes. 4:3). Defendemos a los indefensos (el mayor grupo indefenso en el mundo son los niños abortados y los huérfanos). La iglesia extiende compasión de forma bíblica y afirma la justicia bíblica. Esta justicia afirma que nadie merece nada bueno, sino que todos merecemos el infierno. Sin embargo, Dios, en Su misericordia, nos salva de las consecuencias del pecado y nos permite vivir vidas fructíferas al someternos a Su Palabra.

¿QUÉ DEBEMOS HACER?

Una de las principales razones por la que somos susceptibles a estas tendencias es que no tomamos el tiempo suficiente y necesario para estudiarlas. Debemos ser centinelas que vigilan doctrinas falsas que nos pueden mover de la verdad. Lo primero que debemos hacer es conocer la verdad tal como está proclamada en la Palabra de Dios y a Cristo, nuestro Salvador y Señor, de tal forma que nos sea fácil identificar falsos evangelios cuando nos los presenten. Debemos también estar alertas a las tendencias culturales, para así identificar las doctrinas falsas que les están enseñando a nuestros hijos y familias en las escuelas o a través de la industria del entretenimiento, las redes sociales o la prensa.

EL EVANGELIO ES NUESTRA ESPERANZA Y COMPROMISO

Deseo terminar con algo más. Parte del argumento del marxismo cultural es que, para que los oprimidos dejen de estar en ese estado, el sistema opresor tiene que ser derribado. Las batallas contra los opresores y su completa destrucción o cancelación son el medio para traer purificación y justicia en la sociedad. Es el proceso para llegar al estado de utopía donde, al implementarse un sistema equitativo, el nuevo ser humano podrá vivir sin ofensas porque no tendrá un sistema que lo lleva a cometer las mismas. Como podemos ver, tiene todas las características de una religión secular. Por eso debemos oponernos a esta filosofía humanista para defender lo único que trae un nuevo hombre: la regeneración por medio del evangelio.

Ninguna causa social puede hacer lo que solo puede hacer el evangelio. La Biblia no promete igualdad económica, sino que presenta principios de libertad ante la ley y mandamientos para vivir una vida decente y buena, en donde todos somos tratados con igualdad y tenemos las mismas oportunidades para poder prosperar conforme a nuestro propio esfuerzo. Al final, solo el evangelio puede ofrecer lo que toda otra filosofía promete. Por ende, aunque deseamos una sociedad que refleja libertad y no opresión, sin el evangelio, toda libertad que experimentemos es falsa y temporal. Solo la libertad en Cristo es eterna.

Vuelvo a repetir que soy cristiano y no estoy casado con ningún sistema económico particular. Mi esperanza no está en esos sistemas sino en el evangelio, y puedo vivir con mucho o poco (Fil. 4). Pero también debo reconocer que, desde mi punto de vista y mi observación de la historia, el sistema económico con mayores principios bíblicos y que permite que las iglesias y los cristianos puedan ejercer su libertad con mayor amplitud es el de mercado abierto. Las filosofías económicas influencian grandemente las filosofías de la sociedad y, como consecuencia, una filosofía de libertad económica tiende a promover la libertad religiosa.

Finalmente, mi deseo, como el del apóstol Pablo, es que podamos vivir «una vida tranquila y sosegada con toda piedad y dignidad. Porque esto es bueno y agradable delante de Dios nuestro Salvador» (1 Tim. 2:2-3). Que en este tiempo, Dios nos dé sabiduría y humildad, pero también valentía para defender nuestro mayor tesoro, que no es un sistema económico, sino el evangelio.

LA CONCIENCIA Y LAS VACUNAS

¿Deben los creyentes vacunarse? ¿Puede el estado imponer un mandato de vacunas? Este es uno de los temas más controversiales de los últimos tiempos. Muchos me han preguntado: «¿Cuál debe ser la posición del creyente con respecto a las vacunas?». Dividiré el tema en dos partes. La primera tendrá que ver con el individuo y su decisión personal de vacunarse o no. En la segunda, responderé si el estado debe imponer mandatos de vacunas.

¿DEBE EL CREYENTE VACUNARSE?

Creo que la decisión individual recae claramente en la esfera de decisión de libertad de conciencia, donde cada creyente rendirá cuenta a Dios. De acuerdo con la información que tenemos en este momento (agosto de 2022), desde mi perspectiva ética, es evidente que nadie debe sentirse obligado a vacunarse. Debo aclarar que mi familia completa está vacunada. La información más confiable señala hasta el momento que la vacuna es una herramienta de protección para un individuo. Ya se ha demostrado que las personas pueden infectarse e infectar a otras luego de vacunarse, por lo que la idea de vacunarse para paralizar el contagio de otros no es tan fuerte como al principio de la pandemia. Sin embargo, también se ha demostrado con cierta claridad que, aunque todavía un individuo puede infectarse, la posibilidad de infección disminuye con la vacuna y así el índice de reproducción del virus se reduce y la pandemia va mermando.

Pareciera que la pandemia está pasando a ser endémica. Esto quiere decir que es una enfermedad con la cual tendremos que vivir y que cada persona debe tomar decisiones personales sobre cómo entiende que es mejor mitigar sus peligros. Cuando la cultura niega cada vez más el valor de cada ser humano creado a imagen de Dios y la capacidad que tiene para tomar decisiones inteligentes es cuando se presenta un salvador soberano llamado «estado» y que cuenta con expertos que deben tomar decisiones por nosotros. El estado toma las decisiones en lugar de afirmar el valor y la responsabilidad de cada individuo, compartir información pertinente y dejar que las personas tomen decisiones y enfrenten las consecuencias de las mismas.

Por lo tanto, mi conclusión es que dejemos que cada persona tome una decisión individual y los demás respetemos la decisión tomada. Esto incluye a las personas que deseen o no vacunarse, ponerse o no ponerse mascarillas. Pablo nos insta a que, dentro de todo este espectro, no debemos juzgar las conclusiones a las que otros hermanos arriben (Rom. 14). El que desea ser más prudente puede glorificar a Dios, y el que se siente más libre puede también glorificar a Dios. Ni uno ni otro se libra de tomar su decisión basado en motivaciones incorrectas. El que piensa que es prudente lo puede estar haciendo simplemente por temor. La rebeldía puede ser la motivación del que piensa que es libre. Pero esa motivación del corazón no la conocemos y le dejamos ese juicio a Dios. En consecuencia, pienso que ningún creyente debe imponer su convicción de este tema sobre nadie. Podemos discutirlo en amor, pero nunca imponer nuestras decisiones a otra persona.

SOBRE LOS MANDATOS DE VACUNACIÓN: OBEDECER A DIOS O AL HOMBRE

Creo que es vital que entendamos el rol del estado para poder contestar esta pregunta. Una de las tendencias que más me ha preocupado durante la pandemia ha sido observar que muchos creyentes parecieran no entender cuál es el rol del estado en la vida del ciudadano. El estado se ha convertido para muchos en el dios contemporáneo en quien depositamos nuestra confianza para nuestro cuidado y protección. En lugar de confiar en el Dios de la Biblia, hemos regresado a confiar en Zeus, Diana o Júpiter. Para poder entender y actuar de una forma bíblica, tenemos que saber qué función Dios le ha dado al gobierno.

EL ESTADO NO ES UN DIOS AL QUE LE DEBEMOS OBEDIENCIA CIEGA

Los pasajes principales que presentan el rol del gobierno en la sociedad muestran principalmente un papel en donde el estado protege al ciudadano de los malignos (Rom. 13:1-7; 1 Ped. 2:14). Este rol de autoridad en la sociedad no hace que el estado ejerza poder sobre la esfera de la familia o la iglesia. En estas tres esferas (sociedad, familia e iglesia), se ejerce autoridad, pero cada una no debe entrar al área de dominio de la otra. Por ejemplo, la iglesia no está para ejercer justicia en casos criminales de la sociedad porque se trata de un aspecto en que el estado tiene apoyo de Dios. De igual manera, la iglesia no debe opinar sobre decisiones que son claramente pertinentes al núcleo familiar. Lo que quiero decir es que el estado no es omnisciente ni debemos obedecerle en todo. Habrá momentos en que obedeceremos a Dios al no seguir las órdenes y hasta las instrucciones del estado.

El estado puede actuar de forma correcta y requiere de nuestro sometimiento mientras no viole los derechos naturales que Dios ha otorgado a cada individuo. Cuando hablamos de derechos humanos, estamos hablando de una visión libertaria de los mismos, pero un derecho es vivido cuando se puede cumplir libremente con ciertas responsabilidades que son dadas por Dios. La responsabilidad de trabajar, proveer, criar a nuestros hijos con nuestras convicciones y la libertad para adorar a Dios libremente son parte de los derechos que todo ser humano tiene desde que nace. Estos derechos son afirmados por el derecho a la libertad, a la vida y a la propiedad privada. La labor del gobierno es defender y proteger estos derechos del individuo y no removerlos nunca para impulsar ninguna agenda política particular.

Algo que debemos ver es que el mundo moderno está tan acostumbrado a ciertos derechos que no ve la necesidad de protegerlos, y es capaz de entregarlos para obtener un falso sentido de seguridad. Hay aspectos de la vida que son más importantes que la seguridad. Por supuesto que la seguridad es importante, pero no es el máximo principio que debe determinar la forma en que tomamos decisiones.

El caso de las vacunas es un buen ejemplo que nos ayuda a reflexionar sobre el rol del estado y cómo no debe operar como nuestro salvador. El estado tiene un rol determinado por Dios y a nosotros nos toca someternos en los aspectos civiles apropiados. Pero por ningún motivo debemos permitir que el estado se convierta en un ente todopoderoso. Recuerden que la iglesia de Roma desobedecía al estado cada domingo para adorar a Dios. Pablo vivía su fe en ese contexto y con todo los animó a someterse al gobierno en los aspectos apropiados. Si se trataba de un sometimiento ciego o totalitario, entonces no se habrían congregado, ya que era contrario al edicto del Imperio romano.

Por lo tanto, los creyentes podemos diferir en políticas, énfasis particulares en las diversas funciones del gobierno, pero lo que queda claro es que no debemos pensar que el estado pueda ejercer funciones que salgan de su rol establecido por Dios o que le toca a la iglesia o la familia.

LA CONCIENCIA Y LA CULTURA

La cultura ejerce una influencia gigantesca en la vida de todas las personas sin distinción. Uno de los retos principales de los creyentes es determinar en cuáles aspectos de la cultura participamos, cuáles permitimos y a cuáles nos oponemos. Siempre será complicado determinar con sabiduría cómo relacionarnos con la sociedad. Mientras estemos en este mundo, todavía tendremos interacción con la cultura, seremos parte de la misma y de una forma u otra participaremos en ella.

Solemos estar tan sumergidos en la cultura y su influencia que no nos damos cuenta de cuánto nos asimilamos a ella. Se ha usado la ilustración de un pez que está en el agua y no se da cuenta de que está mojado. De la misma forma, muchas veces los creyentes no nos damos cuenta de cuán influenciados estamos por la cultura y cómo, por ejemplo, nuestra forma de vestir, el entretenimiento y nuestra cosmovisión es muchas veces empujada por ella y mucho menos por una visión bíblica del mundo.

Hace poco, pude predicar una serie sobre el libro de los Hechos. Fue impresionante ver cómo los creyentes de la Iglesia primitiva vivían en una cultura hostil sin comprometer su lealtad al reino y sin dejar que la cultura los guiara por completo. Lucas nos muestra cómo la comunidad cristiana tuvo un efecto en la cultura (Hech. 19). Cuando las personas llegaban a los pies de Cristo, rechazaban los dioses paganos y quemaban sus libros de hechicería. Luego observamos que su compromiso con el reino de Dios afectaba la cultura, ya que no gastaban dinero en industrias que obtenían sus ganancias de los cultos paganos. Era tal su compromiso que sus finanzas no podían impulsar aspectos contarios al evangelio. Estas convicciones llevaron a que una turba se levantara para defender a Diana, la diosa de los efesios, pero era realmente para defender los negocios y el dinero que habían perdido por la falta de gasto de la comunidad cristiana. Yo te preguntaría: ¿qué efecto tiene nuestro poder económico sobre la cultura? ¿Gastamos, actuamos y vivimos conforme con la cultura?

La iglesia contemporánea lleva años usando la estrategia misional de parecerse lo más posible a la cultura. Los líderes de adoración parecen cantantes seculares, los predicadores actúan como agentes motivacionales, le decimos al mundo que vaya a la iglesia porque somos como ellos. La iglesia de Rick Warren en un momento definió a la persona promedio que ellos deseaban alcanzar: crearon el personaje *Saddleback Sam*. Se trataba de un hombre promedio de la cultura de suburbio de los Estados Unidos. Sin embargo, más allá de esa estrategia, la idea bíblica no es parecernos al mundo, sino ser diferentes del mundo. Los creyentes debemos identificar cuáles son los ídolos que controlan la cultura en donde vivimos y enfatizar una contracultura bíblica en esas áreas. En lugar de parecernos al mundo, debemos distinguirnos en medio del mismo.

Por ejemplo, en el libro de Hechos, encontramos diferentes ciudades que tenían énfasis diferentes: Atenas era la filosofía, Corinto era la sensualidad y Éfeso era la hechicería. Un creyente de cada uno de esos lugares no debía permitir que ninguna de esas áreas se convirtiera en un ídolo personal. Todo creyente no debe hacer un ídolo de la sensualidad o hechicería, pero en la ciudad donde uno de estos ídolos prevalece, el creyente debe ser más cuidadoso de no reflejar ni siquiera aspectos parecidos a la idea de mayor peso en su contorno.

Por lo tanto, los creyentes debemos ser conscientes de los efectos que produce la cultura en la que vivimos y ejercer desde ella nuestras libertades cristianas. Por ejemplo, la forma en que vestimos debe estar dentro de ciertas normas de piedad y decencia. Un tatuaje no es necesariamente pecado, pero podría serlo de acuerdo con el mensaje que envía a la cultura y también por el propósito para hacerlo. Temas como ir al cine, lo que vemos en TV y la música que escuchamos se medirán en relación con el efecto de la cultura popular, el mensaje que enviamos al apoyarla y la forma en que manifestamos nuestra contracultura cristiana. Voy a usar el ejemplo de la música y el baile en la cultura popular.

¿PUEDO ESCUCHAR Y BAILAR MÚSICA SECULAR?

Esta es una pregunta muy común entre los creyentes. Algunos nos dirán: «¡Legalistas!», y otros nos llamarán: «¡Mundanos!», dependiendo de cómo respondamos a la pregunta. Es evidente que se trata de un tema donde diferentes creyentes piadosos pueden llegar a diferentes conclusiones. Es un asunto de conciencia,[14] en donde podemos estar en desacuerdo. Solemos crear dogmas y establecer normas sobre asuntos de los que la Biblia no habla claramente y donde, en realidad, hay espacio para que los cristianos puedan tener diferentes prácticas mientras glorifican a Dios. Quisiera abordar la pregunta al responder primero otras preguntas que considero fundamentales.

¿TU CONCIENCIA ESTÁ INFORMADA POR LA PALABRA?

Si alguien me pregunta cuál es el texto menos usado, pero el más necesario que debo considerar al reflexionar sobre la música secular, mi respuesta sería el siguiente:

> La fe que tú tienes, tenla conforme a tu propia convicción delante de Dios. Dichoso el que no se condena a sí mismo en lo que aprueba. Pero el que duda, si come se condena, porque no lo hace por fe; y todo lo que no procede de fe, es pecado. (Rom. 14:22-23)

El apóstol Pablo viene explicando que todo creyente rendirá cuentas a Dios por sus decisiones, y que no debemos pasar juicio sobre las

---

[14]https://www.coalicionporelevangelio.org/articulo/que-es-la-conciencia/

decisiones de los demás (Rom. 14:10). Por lo tanto, los versículos citados en su contexto bíblico nos enseñan que cada creyente debe escudriñar la Escritura y tomar decisiones partiendo de una conciencia informada por la Palabra de Dios y reconociendo que rendirá cuentas a Él por todo.

Volvamos a nuestra pregunta particular. En general, escuchar o bailar música secular entra en esta categoría de decisiones de conciencia. Por supuesto, hay circunstancias en donde bailar no es apropiado. Existen tipos de baile que son lascivos y licenciosos. También hay letras inapropiadas para un creyente. Sin embargo, que existan bailes y música de naturaleza pecaminosa no significa que debemos rechazar por completo estos medios artísticos de expresión. Por ejemplo, hay muchas canciones con letras que resaltan aspectos de gracia común,[15] como el amor a una madre o el compromiso con una esposa. De igual forma, hay bailes que pueden honrar a Dios en circunstancias y lugares adecuados.

CUIDA A TU HERMANO EN LA FE

Otro consejo bíblico a considerar es: «Todas las cosas me son lícitas, pero no todas son de provecho. Todas las cosas me son lícitas, pero yo no me dejaré dominar por ninguna» (1 Cor. 6:12). Que algo no sea pecaminoso no significa que sea inmediatamente sabio hacerlo. Debemos tener cuidado al escuchar las letras de cierta música o participar de un baile; en especial, cuando hay otros creyentes a nuestro alrededor, por el efecto que puede causar esto en ellos.

Siempre debemos tener presente la forma en que la práctica de nuestra libertad cristiana afecta la conciencia del «creyente débil» que nos observa. Un creyente débil es alguien que, al observar la libertad practicada por otro cristiano, puede ser afectado de forma negativa y llevado incluso a una vida que lo separa de la fe en el Señor (ver Rom. 14:1-23; 1 Cor. 8:7-13).

---

[15]https://www.coalicionporelevangelio.org/articulo/la-maravillosa-gracia-comun-de-dios/

Quizás tienes pensado bailar con tu hija en una boda a la que fueron invitados. Tu conciencia te permite estar tranquilo porque entiendes que honrará a Dios. Sin embargo, también debes considerar el posible efecto que tu baile podría generar en el débil. En este caso, el creyente débil podría ser tu propia hija o cualquier asistente a la boda. Si tu baile podría llevar a esa persona a sacar una conclusión equivocada que lo lleva a pensar que ahora tiene permiso para bailar en cualquier circunstancia, lo cual puede llevarlo a una vida de pecado y desenfreno, entonces lo mejor es que mueras a tu libertad. Lo mismo aplica a la música con letras no cristianas que puedas estar escuchando. Si alguien en tu entorno tiene la conciencia débil y te observa practicar tu libertad cristiana, pero él luego usa esa libertad de forma pecaminosa, entonces, de nuevo, lo mejor es que mueras a tu libertad.

¿VIVES PARA CRISTO?

No debemos enfocarnos en buscar las cosas sobre las que tenemos libertad cristiana para después entregarnos a ellas. Recuerda que Pablo dice: «no me dejaré dominar por ninguna». El evangelio de la gracia no nos lleva a querer saber qué cosas podemos hacer sin meternos en problemas, sino a morir a nosotros mismos cada día y vivir para Cristo (Mar. 8:34-35; Tito 2:11-14). Por lo tanto, no seamos legalistas al imponer cargas que la Biblia no impone, pero tampoco nos entreguemos a nuestras libertades de conciencia hasta el punto que nos dejemos dominar por ellas o perjudiquemos las conciencias del hermano débil.

El evangelio debe estar presente en toda nuestra vida para ayudarnos a morir a nosotros mismos cuando tengamos que hacerlo. Entregamos nuestras libertades por amor a otros, así como Cristo se entregó por nosotros. Seamos sabios para caminar en estos asuntos de conciencia porque, a fin de cuentas, no vivimos para nosotros mismos sino para el Señor (Rom. 14:7-9).

Capítulo 11

Algunas aplicaciones prácticas
Tercera parte

LA CONCIENCIA Y LA INMIGRACIÓN

Existen temas que son muy difíciles de exponer y compartir con otros. Suelen ser difíciles por su naturaleza misma y otras veces se hacen difíciles por temor a las repercusiones que la conversación podría traer consigo. El tema de la inmigración ilegal es uno de esos temas. Creo que los pastores estamos llamados a estudiar estos temas difíciles para presentarlos ante los miembros de nuestras congregaciones con una correcta perspectiva bíblica. Es un tema de gran relevancia en la cultura de los países de los que se sale porque cientos de miles de personas ponen sus vidas en riesgo para llegar a los países del llamado primer mundo. Es de suma importancia reflexionar alrededor de las implicaciones éticas de esta decisión desde un punto de vista bíblico.

UN TEMA QUE DEBE ABORDARSE CON HUMILDAD

El tema de la inmigración es un tema delicado que debemos tocar con cuidado y humildad, principalmente porque podemos encontrar diferentes posiciones defendidas por hermanos creyentes. Pero lo más importante es no perder la perspectiva de que compartimos aquello que es de mayor importancia: el evangelio. Debemos cuidar nuestros corazones de no caer en juicio pecaminoso unos con los otros cuando tenemos diferentes convicciones y creencias sobre un mismo tema.

Existen solo dos bandos en este tema migratorio: aquellos creyentes que piensan que el principio teológico dominante es someternos a las autoridades terrenales (Rom. 13), mientras que el otro lado argumenta que los creyentes somos llamados a mostrar misericordia y ayudar al inmigrante, pues esto está por encima del sometimiento a las autoridades. La razón por la que ambos bandos defienden sus argumentos con pasión es porque ambos presentan argumentos bíblicos sólidos al respecto. Por eso ambos bandos necesitan considerar los argumentos del otro para así encontrar aspectos que podrían estar obviando u olvidando en el argumento contrario. Por ejemplo, aquellos que defienden el sometimiento a las autoridades no deben dejar de tener un corazón sensible por el necesitado y el extranjero. Por otro lado, los que abogan por extender misericordia al inmigrante no pueden olvidar mantenerse dentro de lo que sus conciencias, informadas por la Biblia, les permitan actuar y mantenerse dentro del margen de la ley que tiene una prioridad bíblica de proteger la seguridad de los ciudadanos.

LA REALIDAD DE UNA CRISIS

Es evidente que en los últimos años existe una crisis migratoria por la entrada de tantas personas de trasfondo latino a los Estados Unidos. En estos momentos, la iglesia está llamada a responder y cuidar de aquellos en necesidad.[16] Esta crisis también nos permite ver que el sistema migratorio está roto y somos testigos de un sistema donde la separación de familias es un aspecto del día a día. También debemos pensar en las repercusiones a largo plazo de la situación actual y entender que esta crisis, entre muchas cosas, es parte de un problema mayor al cual denomino confusión migratoria. Gran parte de la crisis es fomentada, en el caso de Estados Unidos, por una posición ambivalente y confusa del gobierno en aspectos migratorios. Cada

---

[16]https://www.coalicionporelevangelio.org/articulo/la-maravillosa-gracia-comun-de-dios/

gobierno tiene la prerrogativa de crear leyes migratorias para la protección y el cuidado de sus intereses nacionales y de sus ciudadanos. Al mismo tiempo, tiene una responsabilidad moral por los necesitados. En muchas ocasiones, ambos principios están en conflicto. Uno de los problemas es que, por muchos años, Estados Unidos aplicó las leyes migratorias de forma inconsistente y estas prácticas han variado durante las diferentes administraciones políticas. En otras palabras, Tío Sam le dice al inmigrante: «No vengas sin permiso de trabajo», pero por otra parte, le comunica: «Ven, porque necesitamos tu dinero y tu trabajo». Los inmigrantes indocumentados pueden pagar impuestos por sus ingresos sin represalia de deportación. Al momento de procesar la documentación para obtener un permiso de trabajo, es de suma importancia haber pagado impuestos por ingresos generados cuando trabajaste y no tenías permiso de trabajo. En mi opinión, esto constituye una práctica confusa que envía mensajes contrarios a la población migratoria. Este es uno de muchos ejemplos que hacen de este tema uno éticamente muy complicado.

TRASFONDO BÍBLICO

La Biblia es muy clara en señalar que los cristianos deben extender misericordia al inmigrante. Por lo tanto, este debe ser siempre el impulso principal para todo creyente. Pero es de suma importancia que tengamos un entendimiento bíblico de las prácticas migratorias en las Escrituras. No solamente aplicar el sometimiento a las autoridades a este argumento, sino ver cuál era el entendimiento de los aspectos migratorios en las comunidades del Medio Oriente antiguo. Les recomiendo a aquellos interesados en estudiar con más profundidad este tema que lean el libro *Immigration Crisis* [Crisis de inmigración], de James Hoffmeier. Otro libro que presenta la perspectiva contraria es *Christians at the Border* [Cristianos en la frontera], de M. Dariel Carroll.

Hoffmeier presenta el argumento de que, en el tiempo de Abraham, había dos categorías de personas que no eran originarias de una comunidad. En hebreo, el término *ger* se refería a un *residente legal* de una región. Esta persona tenía la aprobación de las autoridades para ser parte de la comunidad. Además del permiso de las autoridades, la compra de tierra era un factor importante en el uso de este término. Eso nos permitiría entender el empeño de Abraham de comprar el lugar para enterrar a Sara luego de su fallecimiento. Esta compra le daba permanencia legal en la tierra prometida.

El otro término es *neckar* o *zar,* que puede ser traducido como *extranjero.* En tiempos bíblicos, este término era utilizado para personas que solamente estaban de paso por el área y no tenían intenciones de permanecer en el lugar. Esto nos permite entender que, desde los tiempos bíblicos, los pueblos tenían fronteras establecidas y los personajes bíblicos se tenían que someter a estas leyes. Por ejemplo, vemos que Abraham, luego de mentirle al faraón sobre su estado civil con Sara, es deportado de Egipto.

La perspectiva pastoral

Para mí es de suma importancia como pastor que, guiado por la Palabra de Dios, yo pueda ayudar a las personas en mi congregación a que honren los principios bíblicos relacionados con este asunto. Por lo tanto, mis conversaciones con personas sobre el tema de la inmigración pueden ser diferentes y, en ocasiones, hasta podría parecer que me estoy contradiciendo. No tengo una respuesta enlatada sobre el tema, sino que lo que quiero es ver en qué áreas de la Palabra de Dios está batallando la persona con la que estoy hablando, para luego tratar de traer principios bíblicos para ayudarla a alinear sus pensamientos con las Escrituras.

Conversación con nacionales

He tenido muchas conversaciones sobre el tema migratorio con personas que tienen ciudadanía estadounidense. Sus argumentos se mueven normalmente hacia el llamado a obedecer a las autoridades (Rom. 13). Siempre quiero recordarles a estos hermanos la importancia de extender misericordia y ayuda al necesitado, y al hecho de que las leyes del gobierno ante este tema son confusas y hasta contradictorias (como en el caso del pago de impuestos).

También insisto en que no hay duda de que este tema es mucho más complicado y no se resuelve simplemente con sacar a los millones de inmigrantes indocumentados, debido a las consecuencias sociales y económicas que esto traería. Tampoco la solución es tener fronteras abiertas donde la seguridad nacional y la estabilidad de la nación pueden ser puestas en riesgo. La mayoría de los inmigrantes cumplen una labor productiva y pagan impuestos, aunque por temor a las represalias no piden sus reintegros. Tampoco podemos olvidar que estos inmigrantes son seres creados a imagen de Dios. Finalmente, los exhorto a que nos comuniquemos con amor y misericordia, sin olvidar la importante perspectiva de obedecer las leyes de una nación.

CONVERSACIÓN CON INMIGRANTES

Siempre animo a los creyentes indocumentados con los que estoy en contacto a que se sometan a la ley. Los exhorto a que no mientan para encontrar un trabajo, que traten de agilizar sus trámites migratorios y que paguen sus impuestos. Que usen el transporte público si no tienen permiso de conducir. Básicamente, los animo a que actúen como ciudadanos, quienes dentro de la confusión de las leyes migratorias y la aplicación de las mismas puedan regirse bajo la ley del país. Estos son los mismos principios que presentaríamos a miembros de nuestras iglesias que son residentes legales.

Para mí es muy importante que el inmigrante no perciba su permanencia en los Estados Unidos como un derecho, sino que más bien tenga una actitud de agradecimiento, humildad y sumisión al proceso. Entiendo bien que soy ciudadano americano por nacimiento y eso no me permite relacionarme con algunas de las vicisitudes por las que pasan nuestros hermanos. Pero eso no quita que pueda animarlos en amor a que puedan someterse a la Palabra de Dios sin importar las circunstancias. Yo sé que lo que voy a decir puede chocarles a algunos, pero creo que un inmigrante indocumentado nunca debe exigir justicia del país que lo recibe, sino que debe pedir misericordia. La justicia es lo que una persona merece recibir, por lo que sería justo que alguien indocumentado sea deportado en la gran mayoría de los casos. Un inmigrante debe pedir clemencia por violar las leyes que ya conocía de antemano de un país soberano.

EL SOMETIMIENTO A LAS AUTORIDADES SIN DISTINCIÓN

Luego de que millones de ciudadanos norteamericanos fueran a las urnas a elegir al cuadragésimo quinto presidente de los Estados Unidos, el republicano Donald Trump resultó victorioso. Yo me había ido a dormir cuatro horas antes de ese 9 de noviembre, pero a las dos de la mañana, me desperté y miré mi teléfono. No pude volver a dormir luego de ver que Trump estaba a punto de ser declarado vencedor.

Por una parte, la plataforma de Trump defendía ciertos valores que todos los cristianos debemos defender; particularmente, la santidad de la vida desde la concepción y la santidad del matrimonio. Sin embargo, Trump también mostraba una conducta altamente cuestionable y levantaba muchos interrogantes morales. A eso le agregamos un lenguaje altamente ofensivo al pueblo hispano. Desgraciadamente, como es bien sabido por el pueblo cristiano, el partido demócrata tampoco presentaba una opción preferible, ya que es conocida la disposición horrenda de Hillary Clinton en favor de todo tipo de aborto. Sea cual fuere el caso, la mayoría de los votos del colegio electoral fueron para Trump.

Mi mente no me dejó dormir en medio de ese momento histórico. El triunfo de Trump me puso a pensar en muchos de mis amigos que son inmigrantes indocumentados y en la forma en que reaccionarían a la victoria de Trump. Mi corazón pastoral no me permitió descansar sabiendo de la ansiedad que personas que amo profundamente iban a experimentar debido a esta noticia. Por supuesto, nuestra confianza como cristianos no está en los políticos, sino en el Rey de reyes que reina soberanamente desde su trono. Nuestro futuro está en Sus manos y debemos confiar en Su sabia decisión providencial para los

Estados Unidos. Debemos recordar que todo lo que Dios declara es sabio y todo lo que sucede en el mundo está bajo Su control.

… porque no hay autoridad sino de Dios, y las que existen, por Dios son constituidas. (Rom. 13:1b)

En nuestro contexto, esto quiere decir que Dios —por medio del proceso político de este país— ha puesto a Trump como autoridad. No es un accidente, sino el cumplimiento de los planes de Dios.

Sin contradecir lo anterior, también puedo entender el temor que algunos de mis amigos indocumentados sienten producto de la retórica de Trump durante la campaña electoral. Su lenguaje fue extremo al hablar de sus futuras políticas migratorias. Quería ser sensible ante esa situación. Dios llama a los inmigrantes creyentes a confiar en Él en este tiempo, de la misma forma que hubiera llamado a padres creyentes que temían las políticas sobre el uso de baños públicos por la comunidad transexual a la que apoyaba Clinton.

Quisiera dirigir esta parte de este capítulo a la comunidad hispana indocumentada que profesa fe en Cristo. Era mi convicción que debíamos procesar todos estos temas de manera bíblica, de modo que nuestra forma de pensar sea moldeada por la Palabra de Dios y no solo como una reacción a las circunstancias. Aunque tengamos sueños, deseos de progreso y anhelos para esta vida, a fin de cuentas, nuestro llamado principal como creyentes es glorificar a Dios, y solo la Palabra de Dios deberá guiar nuestras vidas en momentos de incertidumbre. También quisiera recordar a los creyentes que no se encuentran en esta situación que procuren ser tardos para la ira y el juicio (Sant. 1:9). Cuando hablamos de «indocumentados», estamos hablando de una categoría que agrupa a un enorme número de personas dentro de la cual hay padres, hijos y esposos, muchos de los cuales conocieron al Señor luego de mudarse a los Estados Unidos y se encuentran en situaciones muy complicadas. Para todos, aquí presento algunos principios que nos deben ayudar.

POLÍTICAS DE INMIGRACIÓN

Pablo, inspirado por el Espíritu Santo, declara que el rol principal del gobierno no es la extensión de misericordia, sino la protección de sus ciudadanos:

Pues [la autoridad] es para ti un ministro de Dios para bien. Pero si haces lo malo, teme; porque no en vano lleva la espada, pues ministro es de Dios, un vengador que castiga al que practica lo malo. (Rom. 13:4)

Una de las formas en que cada gobierno protege a sus ciudadanos es por medio de políticas migratorias que cuiden los intereses y la seguridad de la nación. Así como cada país en el mundo escoge sus políticas migratorias, Estados Unidos tiene el derecho de implementar leyes que protejan sus fronteras. No tengo el espacio en esta sección para desarrollar este tema en profundidad, pero, por ejemplo, en el Antiguo Testamento vemos que la nación de Israel tenía políticas migratorias en las que diferenciaba al extranjero del residente legal.[17]

INCLUSIÓN DE PERSONAS PRODUCTIVAS

Ya he mencionado que es muy complicada la situación migratoria en Estados Unidos. La deportación de millones de inmigrantes sería prácticamente imposible y muy dañino para el país. Por consiguiente, es poco probable que eso suceda; aunque, claramente, no es imposible. Mi llamado a todo inmigrante indocumentado, como ya lo he dicho, es que viva a la luz del mandato bíblico a someterse a las autoridades (Rom. 13). Podría llegar a afirmar que, según la política migratoria de las últimas décadas, no es claro que las personas que están en este país sin documentos estén automáticamente quebrantando lo estipulado en la Palabra. Sin embargo, si eres un inmigrante

---

[17]Para más información sobre esto, te invito a leer mi artículo *«Inmigración: una perspectiva pastoral».* https://www.coalicionporelevangelio.org/articulo/inmigracion -una-perspectiva-pastoral/

indocumentado, te animo a que te sometas a las leyes que claramente debes obedecer. Paga tus impuestos, conduce solo si tienes permiso de conducir, maneja con precaución y no uses documentos falsos para poder trabajar. Así no tendrás que temer innecesariamente a la autoridad y honrarás a Dios.

LA IGLESIA Y LA PROTECCIÓN DEL INDEFENSO

Estoy convencido de que la iglesia debe ser una voz y un refugio de protección para el indefenso, entre los cuales se encuentran los niños en el vientre de sus madres y también los inmigrantes. Como cristianos, debemos apoyar medidas razonables que resuelvan la incertidumbre y brinden claridad en el tema migratorio. Además, debemos ser un apoyo para nuestros hermanos necesitados sin distinción. Más importante aún, debemos predicar el evangelio con urgencia, pues la salvación es lo que todo ser humano —sea ciudadano o no— necesita desesperadamente.

DEPORTACIÓN DE CRIMINALES

El proceso de deportación suele ser más agresivo para personas con historial criminal. Ya he mencionado que tengo la convicción de que vivir en este país es más un privilegio que un derecho para los inmigrantes. Si una persona no respeta la autoridad, dicho privilegio se puede perder.

> Porque los gobernantes no son motivo de temor para los de buena conducta, sino para el que hace el mal. ¿Deseas, pues, no temer a la autoridad? Haz lo bueno y tendrás elogios de ella. (Rom. 13:3)

Los que deben temer son aquellos que no se someten a la autoridad puesta por Dios. La gran mayoría de nosotros, los hispanos, somos personas productivas en este país. Pero sería justo que sean deportadas las personas que cometen serias violaciones de las leyes del país anfitrión. Por lo mismo, la comunidad hispana se debe caracterizar por una intolerancia al crimen dentro de nuestros entornos. Nuestra respuesta en obediencia al mandato de someternos a nuestras autoridades debe llevarnos a cooperar con la policía para que exista orden dentro de nuestras comunidades.

REFLEJAR EL EVANGELIO

Por consiguiente, el que resiste a la autoridad, a lo ordenado por Dios se ha opuesto; y los que se han opuesto, sobre sí recibirán condenación. (Rom. 13:2)

El evangelio nos lleva a no tener temor a las autoridades, sino que nos impulsa a someternos a ellas. Cristo recibió condenación para que tú y yo no fuéramos condenados. Esto nos debe dar la certeza de que Dios cuidará a Sus hijos, ya que lo peor que nos podía suceder ya no nos sucederá, es decir, ya no seremos condenados por Él (Rom. 8:1). Aunque no sé qué depara el futuro, solo sé que puedo confiar en el Dios que es dueño del futuro. Lo que sí puedo hacer es honrar los principios de la Palabra con respecto a las autoridades, dejando lo demás en las manos de mi Dios bueno, soberano y sabio.

Si eres un cristiano inmigrante indocumentado en Estados Unidos, recuerda que, en el sentido más fundamental, nada ha cambiado. Tu situación migratoria no está en las manos del presidente actual o del futuro, sino en manos de Dios. Más allá de cualquier cambio en la política migratoria, hay algo que sí sabemos:

El Dios que creó todas las razas y nos redimió en Cristo sigue reinando, y un día, de toda lengua y nación lo adoraremos sin necesidad de fronteras.

LA CONCIENCIA, EL EJERCICIO FÍSICO Y LA OBESIDAD

Mis amigos me dicen «el campeón» o «Forrest Gump», debido a ese personaje cinematográfico que un día comenzó a correr y terminó haciendo 19 000 kilómetros (12 000 millas) en 3 años, 2 meses, 14 días y 16 horas. Hace algunos veranos, tuve una pequeña epifanía como la de Forrest Gump y, en cierta forma, no he parado de correr. Siempre he tratado de ejercitarme y cuidar mi salud, pero desde el 4 de julio de 2013, estoy corriendo distancias mucho más largas y entrenando con más seriedad.

Detrás de mi deseo de ejercitarme y correr está mi anhelo de hacer todo en mi vida con una conexión teológica que me permita saber que lo que estoy haciendo trae gloria a Dios. En ninguna forma quiero dar la impresión de que si alguien no se ejercita está pecando (eso sería legalismo), sino que quiero compartir con ustedes las razones detrás de mi deseo de correr.

1. Lo hago para la gloria de Dios

Entonces, ya sea que comáis, que bebáis, o que hagáis cualquiera otra cosa, hacedlo todo para la gloria de Dios. (1 Cor. 10:31)

Pablo nos invita a hacer todo para que Dios sea glorificado. Entonces, cada día que me pongo las zapatillas para correr debo ser consciente de cómo dar gloria a Dios. Les presento algunas formas:

- Dándole gracias por darme salud para ejercitarme.
- Atribuyéndole gloria por darme el dominio propio para ejercitarme.
- Dando mi máximo esfuerzo porque lo estoy haciendo para Él.

De esta forma, cuando corro, siento que glorifico a Dios.

**Mi deseo es que en todo lo que hago
en mi vida haya una conexión teológica
para saber que lo que estoy
haciendo trae gloria a Dios.**

2. El ejercicio físico es de provecho

Porque el ejercicio físico aprovecha poco, pero la piedad es
provechosa para todo, pues tiene promesa para la vida presente
y también para la futura. (1 Tim. 4:8)

Pablo no está diciendo que no nos ejercitemos. Lo que está diciendo
es que ejercitarnos en la piedad es más importante. También está
diciendo que el ejercicio tiene algún provecho. Te comparto varias
formas en que el ejercicio es de provecho en mi vida:

• Me mantiene saludable.
• Me da tiempo extendido para pensar y meditar en cosas
  importantes.
• Es un medio de gracia que me ayuda a relajarme cuando
  estoy batallando con ansiedad.
• Me da más energía física para mis labores.

3. Cuidarme físicamente bendice a mi esposa

Maridos, amad a vuestras mujeres, así como Cristo amó a la
iglesia y se dio a sí mismo por ella. (Ef. 5:25)

El llamado de Pablo es a amar a nuestras esposas. Hace 10 años,
no me ejercitaba, y llegué a pesar 124 kilos (275 libras). No dudo
de que mi esposa me ame intensamente, pero estoy seguro de que
prefiere que permanezca en mi peso actual, porque eso la bendice.
No estoy diciendo que todos debemos estar en un peso específico,
sino que a mi esposa le agrada que me esfuerce para bendecirla. Eso
no la hace superficial, sino que es simplemente su preferencia y yo
anhelo siempre bendecirla.

4. Deseo enseñarles a mis hijos a esforzarse y dar el máximo

Mi hijo Joey no entiende por qué voy a diferentes competencias y nunca gano. Yo trato de explicarle que lo que hago está bien para un hombre en sus cuarentas. Pero como joven adolescente, está un poco decepcionado de que su padre no gane. No le importa que mis tiempos están entre los percentiles 90 de todos los corredores. Joey dijo: «Por lo menos, papi no llegó último» cuando crucé la meta en mi última carrera. Si yo no gano, para él he perdido, aunque haya llegado antes que el 94 % entre 17 000 participantes.

Estoy tratando de explicarle que no todo en la vida se hace para ganar, sino que lo importante es que demos nuestro mejor esfuerzo en todo lo que hagamos. En especial en las cosas que para las personas no tienen mayor importancia, pero para Dios sí la tienen. También les estoy tratando de enseñar a mis hijos que papi está compitiendo contra él mismo. Compito contra la vagancia y contra la comodidad en mí para dar mi mayor esfuerzo y que Dios sea glorificado.

5. Me gusta experimentar el sentido de competencia

Estoy escribiendo esta sección del libro un día antes de correr un medio maratón (21 kilómetros, 13,1 millas). Disfruto la emoción que produce la competencia, pero no contra otros, sino contra la ruta y contra mí mismo. En mi mente, tengo un tiempo en el cual deseo completar la carrera. Mi enemigo es el reloj y me gusta sentir que estoy compitiendo contra él.

Este tipo de competencia me ayuda a enseñarle a mi hijo Joey lo que significa ser un hombre. La Palabra de Dios les ha dado a los hombres el rol específico de liderar, proteger y proveer. Pero estoy convencido —y es algo que debemos lamentar— de que en los últimos años, producto de una religiosidad equivocada, les hemos enseñado una falsa humildad a nuestros jóvenes y niños varones en las iglesias y ya no incentivamos el valor del esfuerzo y la competencia. No estoy diciendo que seamos competitivos al punto de la arrogancia, sino que Dios ha puesto en el corazón de los varones ese deseo de competir de forma natural, de esforzarse, y muchas veces lo quebramos en nuestros hijos en lugar de fomentarlo de una forma que dé gloria de Dios.

6. Mi ministerio es un maratón, no una carrera corta

Mi identidad no está en el ministerio. No obstante, mi deseo es poder servir a Dios con el llamado vocacional que me ha hecho por muchos años. Dios es soberano en mi vida, pero es una realidad que ejercitarme es un medio de gracia que me ayuda a mantenerme saludable, tener fuerza y probablemente evitar algunas enfermedades en el futuro. Pienso que así podría tener más vigor y fuerza en la parte final de mis años ministeriales.

7. Me ayuda en mi dominio propio

El dominio propio es parte del fruto del Espíritu (Gál. 5:23). Un creyente va creciendo en esta parte del fruto que es otorgado por la gracia de Dios. Crecemos en control en la calidad y cantidad de nuestros alimentos, en la manera en que usamos nuestro tiempo, en la forma en que controlamos la lengua y otros aspectos similares. Vamos creciendo y madurando en el dominio propio y eso se va reflejando en diferentes áreas de mi vida. Veo la gracia que Dios me otorga para disciplinarme y ejercer dominio propio cuando me disciplino al correr y esto se refleja en otras áreas de mi vida.

La gracia de Dios funciona de esa forma: cuando corro, estoy aprendiendo a morir a la comodidad, a hacer lo que es más fácil. Por eso entiendo que veo crecimiento de dominio propio en otras áreas: sirvo con mayor diligencia a mi familia, tengo mejores tiempos devocionales, muestro mayor control al comer y muchos otros beneficios asociados al dominio propio. Lo cierto es que estoy aprendiendo a morir a mí en un área y esto me ayuda a morir a mí mismo en otras áreas.

**Morir a mí en un área
me ayuda a morir a mí en otras.**

8. Dios desea que disfrutemos de la gracia común

Esto es de suma importancia. Muchas personas tienen una mentalidad religiosa tradicional que los hace pensar que si hacen algo que les produce deleite, entonces están pecando. Por el contrario, Dios creó este mundo para que ejerciéramos dominio sobre él y lo disfrutáramos como un regalo suyo. Cuando corro 21 kilómetros (13 millas) dando mi mayor esfuerzo, estoy ejerciendo dominio sobre la creación y disfrutando de la creación de Dios.

9. Realmente puedo disfrutar cuando corro

Yo estoy realmente libre para disfrutar de las cosas que hago. Puedo disfrutar correr, mis hijos y mi matrimonio. No es que haya aprendido a disfrutar la vida, sino que sé que realmente mi futuro está asegurado mientras corro, que estoy libre de condenación eterna. Cada paso que doy cuando corro está bañado de la sangre de Cristo y ya no soy esclavo del pecado ni de sus consecuencias. Al saber esta verdad, puedo disfrutar por completo de este regalo de Dios en mi vida.

¿DEBE UN CREYENTE SER OBESO?

La respuesta corta es no. Sin embargo, es importante aclarar que la obesidad no es un pecado como tal, pero también es cierto que su presencia podría reflejar áreas de crecimiento o de pecado en la vida de un creyente. De la misma forma, una persona muy enfocada en verse delgada podría estar reflejando un ídolo de vanidad física.

La cultura occidental de nuestro tiempo está aceptando cada vez más la obesidad. Desde el punto de vista médico, una persona obesa es aquella que tiene un índice de masa corporal mayor a 30; una persona con un índice mayor a 25 es considerada con sobrepeso. Más del 68 % de la población tiene sobrepeso, y más del 35 % es obesa en Estados Unidos.

Uno de los principales problemas que lleva a permanecer obeso es la negación. Una persona obesa suele pensar muy seguido que «debería bajar unos kilitos», cuando en realidad tendría que perder una gran cantidad de peso. Como la obesidad es tan común, mucha gente ve un peso saludable como «demasiado delgado». Algunos dicen que no quieren perder peso para no verse demasiado flacos, en lugar de buscar asesoría médica para determinar cuál es un peso saludable.

REALIDADES BIOLÓGICAS DETERMINADAS POR LA MEDICINA

Es de suma importancia tener dirección médica profesional. Hay personas que pueden tener dificultades biológicas para perder peso, quizá problemas hormonales o metabólicos. Sin embargo, solo un profesional de la salud puede determinarlo y no simplemente excusarnos sin tener la información correcta. Aunque existen causas biológicas para padecer obesidad, la realidad es que la obesidad podría estar mostrando tendencias pecaminosas en nuestras vidas.

LA META: LA MAYORDOMÍA

El principio bíblico es que debemos ser buenos mayordomos de todo lo que Dios nos ha entregado. El Señor nos ha dado un cuerpo y es de suma importancia que lo cuidemos. Hay personas que sufren de padecimientos médicos que serían resueltos o mejorados si pudieran controlar su peso. Condiciones como la presión alta, la diabetes tipo 2, la hipertensión, los dolores de rodillas y espalda, la fatiga, la impotencia e incluso la depresión. Es importante que no caigamos en el error de no cuidar aquello que Dios nos ha dado para ayudarnos a ser efectivos en el reino.

EL MEDIO: EL DOMINIO PROPIO

No hay una varita mágica para poder ser buenos mayordomos en esta área. La única forma bíblica es por medio del dominio propio. Si bien es cierto que podríamos pagar una cirugía plástica, esto no resolvería el problema del corazón y no nos ayudaría a depender en el poder transformador del evangelio. Entiendo que para muchos puede parecer imposible poder perder peso, pero para eso el evangelio nos enseña que el Señor puede darnos fuerza en nuestra debilidad.

LA GULA ES PECADO

Comer de más y consumir alimentos no saludables son prácticas normales en la cultura contemporánea. Pareciera que el pecado de la gula ya no es algo que nos importe mucho. Se trata de un pecado que muchos ignoran, pero la Biblia habla varias veces de la gula en conjunto con la embriaguez (ver Prov. 28:7; Deut. 21:20). Solemos comer de más porque estamos buscando satisfacción en un lugar que no es Dios. Pensamos que el alcohol o la comida nos pueden satisfacer y por un momento hacer olvidar las preocupaciones, en lugar de confiar en Dios.

LA DIETA DE CRISTO

Si nuestro problema es la falta de dominio propio, la solución es saciarnos de Cristo. Nuestro problema es que buscamos satisfacción al abusar de la comida, ya que se trata de una experiencia sensorial placentera. Sin embargo, luego nos sentimos culpables y buscamos una dieta mágica o un producto que nos haga perder peso sin mucho esfuerzo. Los creyentes debemos buscar nuestra satisfacción en Cristo; Él es el único pan que nos sacia.

Otro aspecto que muchas veces está relacionado con el dominio propio es el uso del tiempo. La comunidad médica recomienda un mínimo de treinta minutos de actividad física tres veces a la semana. Muchas veces, no nos ejercitamos porque no somos buenos mayordomos de nuestro tiempo, ya sea por tener más responsabilidades de las que deberíamos o por no utilizar el tiempo con sabiduría.

No es fácil escribir sobre este tema porque realmente yo fui esa persona que no tenía dominio propio. Mi peso llegó cerca de los 124 kilogramos luego de casarme. Como soy alto, no parecía que tuviera tanto sobrepeso. Sin embargo, era obeso desde un punto de vista médico. Por la gracia de Dios, pude comenzar a ejercitarme y controlar mi alimentación. Fue un proceso donde tuve que depender de Dios, confesar pecado, arrepentirme y depender de la gracia y el poder de Dios proclamado en el evangelio.

Ahora tengo un peso saludable, entreno para maratones y trato de comer saludable. Mi tentación es pensar: «Si yo bajé de peso, cualquiera puede». Sin embargo, me estaría olvidando de que Dios me dio gracia en esa área. Todavía tengo que depender diariamente de Él para evitar comer en exceso. Debo tener en claro siempre que debo saciarme en Jesús y no con la comida. Mi oración es que Dios te dé gracia a ti también y puedas glorificarlo como buen mayordomo con un cuerpo sano.

LA CONCIENCIA Y LAS BEBIDAS ALCOHÓLICAS

Quizás muchas personas que compraron este libro desean que responda una sola pregunta: ¿Es o no es pecado ingerir bebidas alcohólicas? No creo que sea una pregunta difícil de contestar. La abrumadora información bíblica presenta la diferencia entre ingerir bebidas alcohólicas con moderación y embriagarse. Con toda confianza, puedo decir que los creyentes que digan que ingerir bebidas alcohólicas es pecado están siendo legalistas e ignoran lo que la Biblia dice con respecto a este tema.

> Entonces, ya sea que coman, que beban, o que hagan cualquiera otra cosa, háganlo todo para la gloria de Dios. (1 Cor. 10:31)

Es claro que el uso que Pablo le está dando a la palabra *beber* no es para referirse a disfrutar un jugo de naranja o un vaso agua, sino que se está refiriendo a bebidas fermentadas que contienen alcohol. Pablo invita a Timoteo a ingerir alcohol por motivos medicinales, y nuestro Redentor cambió agua en vino durante las celebraciones de una boda. Piensa que Dios no hace pecar a nadie, y por eso, proveer bebida fermentada no es un pecado. Hay personas que argumentan que el vino en la Biblia no era lo suficiente potente para embriagar, pero pregúntale a Noé si podía embriagar o no. Por otro lado, hay un texto que ve el ingerir alcohol como algo moralmente positivo. El vino alegra el alma. Mi favorito es:

Vete, come tu pan con gozo,
y bebe tu vino con corazón alegre,
porque Dios ya ha aprobado tus obras.
En todo tiempo sean blancas tus ropas,
y que no falte ungüento sobre tu cabeza.
Goza de la vida con la mujer que amas, todos los días de tu vida fugaz que Él te ha dado bajo el sol, todos los días de tu vanidad, porque esta es tu parte en la vida y en el trabajo con que te afanas bajo el sol. (Ecl. 9:7-9)

Considero que estos versículos resumen o concluyen el libro de Eclesiastés. Eclesiastés es un complemento para el libro de Proverbios. No puedes estudiar uno sin considerar el otro. Por un lado, Proverbios presenta estos principios de sabiduría que, si son aplicados, entonces las vidas de las personas deberían estar en orden. Lo que Eclesiastés nos dice es que muchas veces, a pesar de seguir toda la sabiduría del mundo, las cosas no funcionan como esperamos. Vivir en un mundo caído hace que experimentemos la realidad de que puedes instruir a tus hijos en Su camino y algunos de ellos podrían terminar apartados del mismo. Eclesiastés nos quiere decir que hay cosas de la vida que no debemos dejar de disfrutar porque son regalos de Dios. Muchas veces, buscando la vida perfecta, nos esforzamos y perdemos perspectiva de lo que realmente importa.

Salomón nos dice que disfrutemos la bendición de tener una esposa y poder con ella tomar una copa de vino. Solo podemos disfrutar de estas cosas cuando hemos sido librados por el evangelio de los efectos del pecado. Ya no tenemos que vivir para impresionar a nadie y, como consecuencia, podemos sacar tiempo para descansar y apreciar estos regalos de la gracia común. Dios incluye el vino entre esos regalos en Su Palabra inspirada por el Espíritu Santo. Lo que sí queda absolutamente claro es que embriagarse es pecado. No hay mucho que decir sobre esto, pero muchos textos presentan la embriaguez como algo abominable contra Dios.

Y no os embraguéis con vino, en lo cual hay disolución, sino sed llenos del Espíritu. (Ef. 5:18)

El punto es que cuando alguien se embriaga pierde el control de sus sentidos y esto puede traer serias consecuencias en su vida. En lugar de ser controlado por la Palabra y el Espíritu de Dios, es controlado por la embriaguez que solo produce necedad.

Luego de esa introducción, podemos ver ahora el aspecto de conciencia. Algunos decidirán no ingerir alcohol, otros beberán alcohol con moderación al punto de no embriagarse, y el que llegue a la embriaguez entonces pecaría. Lo difícil de este tema es determinar qué se considera embriaguez y cómo evitar llegar a ese punto. Algunos podrían decir que es mejor no tomar para evitar el riesgo. Pero ese argumento es de conciencia y no puede ser impuesto a otro, ya que la Palabra permite que cada creyente tome esa decisión. Tampoco podemos decir cuál es la cantidad de licor que se debe tomar, ya que diferentes personas tienen diferentes tolerancias. Quizás una persona con muy poco vino cae bajo su efecto y hay otras personas que pueden tolerar mayores cantidades.

También es comprensible que haya personas que deciden evitarse la tentación y deciden no beber ni una sola gota de una bebida alcohólica debido a circunstancias diversas de su pasado. Es importante en estos casos que no se imponga esa convicción a otros que sí tienen la libertad para hacerlo. No estoy diciendo que todo el mundo deba beber vino, pero sí que la Biblia presenta esta actividad como una que trae gloria a Dios y, por ende, debemos dejar de demonizarla, porque el problema y el pecado radican en beber hasta embriagarse. Es como si los creyentes de Corinto hubieran decidido no tener más relaciones sexuales con sus cónyuges porque la cultura de Corinto tentaba al pecado con una cultura sexualizada. Por el contrario, Pablo les presenta la hermosura de no negarse el uno al otro al cultivar una sexualidad saludable dentro del pacto matrimonial.

BEBER O CONSIDERAR AL DÉBIL

El que decide beber alcohol debe considerar con respeto y amor al que no toma por razones de su pasado. Quizás fue alcohólico en el pasado o tuvo un familiar con ese problema. Es probable que no quiera beber más porque el alcohol lo llevaba a situaciones de pecado, lujuria o consumo de drogas. Debemos amar a un creyente con este pasado y abstenernos frente a él para no tentarlo a regresar a una vida de idolatría. Todo creyente debe saber que ingerir alcohol con moderación no es pecado, pero para algunos, abstenerse es una forma de protegerse de volver a una vida contraria al evangelio. Por otro lado, un cristiano maduro puede enviar el mensaje a uno débil de que, al ingerir alcohol, también se afirman actividades pecaminosas relacionadas con la ingesta de bebidas. Así que, el lugar donde ingerimos alcohol deberá ser considerado para no afirmar que un lugar donde gente va a embriagarse y ser promiscuos es algo permisible para un creyente. Si mi ingesta de alcohol, aunque no me embriague, la hago en un contexto que podría ser interpretado como permisivo para otras conductas, me abstendré por amor al débil. Por eso nos abstenemos en las circunstancias adecuadas.

INSTITUCIONES QUE ORDENAN LA ABSTINENCIA ABSOLUTA

Hay instituciones que piden a sus miembros que no ingieran ningún tipo de alcohol. Entre ellas están iglesias, seminarios y hasta universidades. Para mí, esta orden o solicitud es válida siempre y cuando esté bien claro que la abstinencia no conlleva una mayor espiritualidad o santidad. Tampoco sería un mandato válido si la institución comunica que los que no observan esta práctica no son creyentes. En cierta forma, estas instituciones deben comunicar que la posición asumida por la institución es la del débil y que no ingerir alcohol es una forma en que los miembros de la institución glorifican a Dios, aunque otros podrían hacerlo para la gloria de Dios.

LUTERO Y LAS BEBIDAS

En mi oficina, tengo una pintura de Lutero en una de las paredes. La razón principal para tener ese cuadro es que Lutero cambió el mundo, era súper intenso y tomaba seriamente la teología, pero cuando aprendió la gracia bíblica, entonces aprendió a disfrutar de la vida. Él tenía mucho humor y sus comentarios sobre beber cerveza son legendarios. Mi favorito es cuando le preguntaron cómo derrotó a la iglesia católica. Él dijo algo como esto:

«Mientras tomaba cerveza con mi amigo, la Palabra de Dios lo hizo todo».

Creo que Lutero entendió el pasaje de Eclesiastés que revisamos hace un momento. Lo cierto es que la embriaguez hace perder la razón y por eso es pecado. Sin embargo, ingerir alcohol como un medio para disfrutar la gracia de Dios en el mundo le da gloria a Dios.

Capítulo 12

Algunas aplicaciones prácticas
Cuarta parte

LA CONCIENCIA Y LAS LIBERTADES

La película *Roma,* de origen mexicano, ganó varios premios Óscar en 2019. Está inspirada en momentos de la vida familiar del aclamado director Alfonso Cuarón. Entre los premios, Cuarón ganó su segundo Óscar a mejor director. Más allá de la premiación y del director, me sorprendió ver a creyentes maduros celebrando el triunfo de la película en las redes sociales. Yo no he visto la película, pero ha sido comentado que tiene contenido que se podría considerar pornográfico. Mucho se ha comentado una escena extensa donde un hombre practica artes marciales desnudo, luego termina en la cama con su pareja, dando a entender que tendrán relaciones sexuales.[18]

EL USO DE NUESTRAS LIBERTADES CRISTIANAS

Debemos tener cuidado de no ejercer nuestras libertades cristianas de forma que puedan influenciar negativamente a creyentes para regresar a una vida de pecado. Por ejemplo, entiendo que celebrar el triunfo de Cuarón está relacionado con la libertad de conciencia. Considero

---

[18]Hay páginas *web* que describen el contenido de las películas para que el lector determine si es una película que desea ver. Leí la descripción de la escena en la página *Kids in Mind*, https://kids-in-mind.com/r/roma-parents-guide-movie-review-rating.htm.

que el problema radica en celebrarlo públicamente, ya que esto podría hacer que personas de conciencia débil se sientan motivadas a ver películas con alto contenido sexual. Por ejemplo, alguien con una conciencia débil podría concluir: «Si este hermano maduro vio *Roma*, entonces yo puedo ver *50 sombras de Grey*» (1 Cor. 8–10).[19]

¿PUEDE UN CRISTIANO VER PELÍCULAS DONDE HAYA ESCENAS DE DESNUDEZ?

Hay temas donde algunos cristianos podrían estar en desacuerdo. Pablo nos anima a permitir que creyentes tengan comportamientos diferentes al nuestro (Rom. 14). Por ejemplo, en diferentes cartas, Pablo observa que los temas de la bebida y la comida sacrificada a los ídolos representaba un problema para los cristianos en aquel tiempo y estableció el principio de libertad de conciencia informada por la Palabra y de evitar ser de tropiezo a las conciencias débiles (Rom. 14; 1 Cor. 8–10). Este principio nos enseña que los creyentes podemos tener diferencias de opinión y práctica que no debemos juzgar o sobre los cuales no debemos establecer un veredicto:

> Por consiguiente, ya no nos juzguemos los unos a los otros, sino más bien decidid esto: no poner obstáculo o piedra de tropiezo al hermano. (Rom. 14:13)

LA DESNUDEZ SOLO DEBE OCURRIR DENTRO DE LA UNIÓN DEL MATRIMONIO

La Biblia no nos permite afirmar que observar los desnudos en una película sea simplemente un aspecto de conciencia. La Biblia es clara en afirmar que la desnudez solo debe ocurrir dentro de la unión del matrimonio (Lev. 18). Nuestra desnudez solo se comparte dentro de la protección del pacto matrimonial. Antes de la caída, Adán y Eva estaban desnudos y no sentían vergüenza (Gén. 2:25). Dios sacrificó

---

[19]https://www.coalicionporelevangelio.org/articulo/50-sombras-de-grey-entre -la-ficcion-y-la-pornografia/

un animal para cubrir su desnudez y su vergüenza debido a la presencia del pecado. Sin embargo, el pacto matrimonial establece el espacio donde no sentimos vergüenza cuando estamos desnudos ante nuestro cónyuge. De hecho, Pablo enseña, usando la ilustración para referirse al cuerpo de Cristo, que las partes íntimas o vergonzosas deben cubrirse para recibir honra:

> Y las partes del cuerpo que estimamos menos honrosas, a estas las vestimos con más honra; de manera que las partes que consideramos más íntimas, reciben un trato más honroso. (1 Cor. 12:23)

Pablo también es sumamente claro al afirmar que la inmoralidad sexual no debe ni nombrarse entre los santos:

> Pero que la inmoralidad, y toda impureza o avaricia, ni siquiera se mencionen entre vosotros, como corresponde a los santos. (Ef. 5:3)

> **Como imitadores de nuestro Padre, afirmarnos lo que Él afirma, y el respeto por la intimidad de la desnudez es de mucha importancia para Dios**

Pablo nos llama a que seamos imitadores de Dios como hijos amados, puesto que Cristo se dio por nosotros (Ef. 5:1-2). Si somos imitadores de nuestro Padre, entonces afirmarnos lo que Él afirma, y entre esas grandes afirmaciones, está la del respeto que le tiene Dios a la intimidad de la desnudez. La desnudez pública denigra la imagen de Dios y deshonra Su nombre (Gén. 9:22-23, Ex. 20:26; 28:42). Por lo tanto, tengo la convicción de que un creyente no debe ver ninguna escena que presente desnudez de contenido sexual. Tengo que reiterar que no lo considero un aspecto de libertad de conciencia porque se trata de un mandato divino.

Exponernos a escenas sexuales no es simplemente observar una escena artística, sino que se trata de un acto moral en el que pecamos de inmoralidad sexual con nuestra mente. Es evidente que ese camino nunca satisface, pues la sexualidad observada en la pantalla (aquella que Dios reserva para la intimidad del matrimonio) puede conducirnos a la pornografía, que es un pecado que demanda más y más de aquellos que caen presos de ella. Por esto no debemos permitir que ningún nivel de inmoralidad afecte nuestras vidas, porque puede conducirnos a niveles más degradantes de inmoralidad.

Es posible que algún lector piense: «No seas exagerado, la escena de *Roma* no es pornografía». He llegado a la convicción de que ese tipo de pensamiento es producto de conciencias que la Biblia considera entenebrecidas por la cantidad de exposición que han tenido a la inmoralidad sexual a través de diferentes medios. Dios determina lo que es inmoralidad. En Efesios 5, La palabra «inmoralidad» en griego es *porneia*, de donde viene la palabra «pornografía». Por lo tanto, podemos concluir que los hijos de Dios no deben ver ningún tipo de desnudez de tipo sensual.

La desnudez que muestra la realidad del pecado

Ahora bien, es cierto que algunos desnudos no son para mostrar sensualidad, sino para mostrar la realidad del pecado. Por ejemplo, las escenas de desnudos en la película *La lista de Schindler* muestran a presos judíos desnudos debido al trato inhumano que recibían en los campos de concentración nazi. El propósito de esos desnudos no es sensual, sino mostrar la realidad de la depravación humana que lleva a denigrar a otros seres humanos. Pero esta no es la desnudez que Hollywood muestra con frecuencia. Más bien, se trata de una desnudez que busca el placer sexual, incitar los sentidos y exaltar la condición caída de nuestro mundo.

¿Es posible ver películas que sabemos que contienen escenas de desnudez y adelantar esas escenas para evitarlas? Creo que esto es un aspecto de libertad de conciencia. Sin embargo, debemos tener cuidado con esta práctica porque la curiosidad podría ponernos en una posición vulnerable y ser tentados a caer en inmoralidad. La realidad es que Dios es claro sobre el peligro al que se exponen nuestros ojos cuando se trata de la inmoralidad. Veamos tanto lo que Jesús como Pablo dijeron al respecto:

Pero yo os digo que todo el que mire a una mujer para codiciarla ya cometió adulterio con ella en su corazón. Y si tu ojo derecho te es ocasión de pecar, arráncalo y échalo de ti; porque te es mejor que se pierda uno de tus miembros, y no que todo tu cuerpo sea arrojado al infierno. (Mat. 5:28-29)

Porque esta es la voluntad de Dios: vuestra santificación; es decir, que os abstengáis de inmoralidad sexual. (1 Tes. 4:3)

Cuidemos lo que ven nuestros ojos, porque Dios desea que seamos puros y que el contenido de lo que vemos sea también puro. Muchas veces le damos más prioridad al entretenimiento y a buscar lo que estima la sociedad y la cultura, en vez de obedecer la voluntad de Dios. No debemos olvidar que Dios nos ha llamado a ser como Él:

Porque Dios no nos ha llamado a impureza, sino a santificación. Por consiguiente, el que rechaza esto no rechaza a un hombre, sino al Dios que os da a ustedes su Espíritu Santo. (1 Tes. 4:7-8)

LA CONCIENCIA Y LA CRIANZA DE LOS HIJOS

La crianza es un tema del cual procuro no escribir de manera exhaustiva hasta que mis hijos estén fuera de la casa. Desear su salvación y saber que nuestra capacidad de salvarlos es nula es uno de los principales retos que he enfrentado en mi vida, pero esto hace que la gloriosa tarea de la crianza traiga consigo muchas tentaciones. Pero hablando de libertad de conciencia en la crianza, deseo compartir algunos aspectos esenciales y no negociables porque los demanda la Biblia. También presentaré otros aspectos que quedan sujetos a la libertad de conciencia de los padres de cada familia. Uno de los problemas con la crianza es que todos queremos ser aprobados en nuestros métodos y, por ende, muchas veces convertimos en dogmas nuestras prácticas de crianza.

LOS ASPECTOS NO NEGOCIABLES

La Biblia presenta llamados específicos para todo padre. Estas tareas no son una sugerencia ni dependen de la voluntad de los padres. Por el contrario, se trata de responsabilidades bíblicas delante de Dios que todo padre debe cumplir porque afectan aspectos esenciales en la vida de un niño. Lo que voy a describir a continuación podría parecer simple, pero esta percepción podría deberse a que muchas veces complicamos demasiado la crianza. Complicamos demasiado el día a día y las formas en que aplicamos los principios que Dios nos ha señalado como nuestras mayores responsabilidades. Los días largos de escuela y las áreas de conducta que tenemos que trabajar con nuestros hijos hacen que Kathy y yo necesitemos recordarnos cuáles son las cosas esenciales que debemos hacer para ser fieles a Dios y de bendición para ellos en esta difícil pero hermosa tarea de criar hijos.

ENSEÑARLES Y MODELARLES EL EVANGELIO

Todo padre debe estar familiarizado con ciertos textos bíblicos que nos hablan de la crianza. Seguir el método de Dios requiere que conozcamos bien lo que Dios dice sobre ese tema. Uno de los mayores problemas es que muchos padres no pasan tiempo meditando o estudiando los principales textos de crianza. Se dejan llevar por la intuición y la cultura circundante para determinar su estilo de crianza y no consideramos que debemos ser muy cuidadosos porque se trata de la edificación de nuestros propios hijos. Muchos pasan años estudiando carreras universitarias y obteniendo un grado tras otro, pero dedican poco o ningún tiempo a aprender de lo que la Biblia enseña sobre la forma de instruir a un niño en el temor del Señor. Los padres descansan en el ministerio de niños y luego en el grupo de jóvenes como los lugares donde enviarán a sus hijos para recibir una única instrucción bíblica semanal. Si las estadísticas son ciertas y una familia promedio va solo dos veces al mes a la iglesia, entonces un niño promedio estaría recibiendo menos de 24 horas al año de instrucción bíblica, contra cientos de horas de televisión, escuela y redes sociales. No debería sorprendernos que no tenga interés de seguir al Señor. Uno de los pasajes más importantes que todo padre debe conocer se encuentra en Deuteronomio:

> Amarás al Señor tu Dios con todo tu corazón, con toda tu alma y con toda tu fuerza. Y estas palabras que yo te mando hoy, estarán sobre tu corazón; y diligentemente las enseñarás a tus hijos, y hablarás de ellas cuando te sientes en tu casa y cuando andes por el camino, cuando te acuestes y cuando te levantes. Y las atarás como una señal a tu mano, y serán por insignias entre tus ojos. Y las escribirás en los postes de tu casa y en tus puertas (Deut. 6:5-9)

Moisés nos da a conocer la importancia de pasar el mensaje del evangelio a la próxima generación. Esa es una o quizás la tarea principal para un hombre. Comienza el llamado a que nosotros amemos y atesoremos a Dios en nuestras propias vidas. La Palabra de Dios debe estar en nuestros corazones para poder amarlo con todo nuestro corazón y fuerzas. Nunca amaremos a Dios perfectamente, pero Su Palabra debe morar en nosotros y, como consecuencia, nuestras vidas reflejarán una pasión y amor por Dios. Tener un profundo amor y reverencia por nuestro Dios se reflejará en la humildad con la que compartiremos el evangelio a nuestros hijos, no desde una posición de superioridad, sino como un pecador que ha recibido misericordia.

El resto del texto es fácil cuando amamos a Dios, pero no será una tarea fácil hablar de Él si no lo amamos con todo el corazón. No olvidemos que «de la abundancia del corazón habla su boca» (Luc. 6:45). Si Dios está en nuestro corazón, entonces hablaremos de Él en todo momento. No será algo que tendremos que hacer por obligación, sino que lo haremos porque nos emociona hablar de Él. Lo que sí debe quedar claro es que modelar y enseñar el evangelio no es simplemente hacer un altar familiar, sino que ellos vean en todo momento que el evangelio guía nuestras vidas.

Es de suma importancia que nuestra instrucción no sea legalista. El objetivo no es simplemente hacer de nuestros hijos personas morales. El fin es que entiendan el evangelio y sean transformados por el poder de Dios. Moisés nos enseña que será el evangelio —es decir, las buenas noticias de la salvación de Dios— lo que les queremos enseñar en todo momento:

> Cuando en el futuro tu hijo te pregunte, diciendo: «¿Qué significan los testimonios y los estatutos y los decretos que el SEÑOR nuestro Dios os ha mandado?», entonces dirás a tu hijo: «Éramos esclavos de Faraón en Egipto, y el SEÑOR nos sacó de Egipto con mano fuerte. Además, el SEÑOR hizo grandes y temibles señales y maravillas delante de nuestros ojos contra Egipto, contra Faraón y contra toda su casa; y nos sacó de allí para traernos y darnos la tierra que Él había jurado dar a nuestros padres». (Deut. 6:20-23)

Cuando ellos nos pregunten la razón para los mandamientos de Dios, la respuesta no será para que nos bendiga, ni para sentirnos bien o para que el hombre de arriba esté a favor nuestro. Éramos esclavos y Él nos compró. Ahora le pertenecemos y por eso nos ha entregado mandamientos. Nosotros no éramos esclavos del pecado, sino que éramos esclavos al pecado y Él nos libró a través de la obra de Cristo manifiesta en el Nuevo Testamento. El evangelio es lo que nos impulsa y nos permite servir al Señor. Así que modelamos y predicamos el evangelio; no positivismo, legalismo o moralismo. Nuestra mayor responsabilidad no es instruirlos para ser profesionales, sino instruirlos en aquello que únicamente puede salvarlos. Los padres no podemos salvar a nuestros hijos, esto solo puede hacerlo Dios, pero sí podemos ser un medio de gracia en las manos de Dios.

DISCIPLINA Y AUTORIDAD

Uno de los resultados del movimiento humanista promovido por Darwin, Marx y Freud y la sociedad posmoderna es observar la disciplina de los hijos como una forma de opresión negativa. Por eso los movimientos marxistas desean tomar control de la educación de los hijos y remover la influencia de los padres sobre ellos. Marx compartió la idea de que todo lo antiguo está completamente dañado porque está bajo un sistema corrupto. Los niños inocentes deberían ser indoctrinados con las ideas correctas para poder lograr la utopía, pero para lograrlo se los debe alejar de la influencia paterna. Por el contrario, la Biblia enseña que son los padres los responsables de pasar de generación a generación el plan de redención divino.

La disciplina permite hacerles saber a nuestros hijos que los padres son la autoridad sobre sus vidas. La Biblia presenta la disciplina como un ejercicio de amor paternal y la ausencia de disciplina como una manifestación de odio o desprecio hacia ellos. La disciplina incluye la instrucción, pero también el uso de la vara de castigo como un medio para enseñar sobre las consecuencias de las malas acciones y así ellos puedan ver su necesidad de un Salvador al entender que no pueden cambiar por completo. Puedo dar gracias a Dios porque, junto con mi esposa, hemos sido testigos del fruto de años de disciplina y corrección, pudiendo ver ese glorioso momento en que ellos dicen que no pueden lograr un cambio por ellos solos. La disciplina los ayuda a comportarse y entender quién es la autoridad, pero finalmente les muestra que la ley no tiene piedad y solo por medio de Jesucristo podemos empezar a obedecerla realmente.

EL AMOR HACIA NUESTROS HIJOS

Si Dios es amor, entonces parte de la labor como padres es mostrar la figura paternal amorosa de Dios por medio de la crianza. Nuestros hijos no deben dudar de que los amamos de todo corazón, que son un regalo para nuestras vidas y que los amamos por ser nuestros hijos y no por su forma de actuar u obediencia. Cuando alguno de mis hijos ha tenido un día difícil y parece que lo único que ha hecho es desobedecer, luego de haberlo corregido, en algún momento del día le digo: «Tú sabes que esto no cambia la realidad de que te amo».

AUTORIDAD Y AMOR

Es importante que los padres muestren su autoridad y demuestren su amor. Una cosa sin la otra se convertiría en una forma de criar humanista. Estamos diciendo que la ira humana puede crear la justicia de Dios si solo los disciplinamos (Sant. 1:20). Produciremos rebeldía si solo ejercemos autoridad. Por otro lado, si solo les damos amor, esto producirá un libertinaje que facilitará que nuestros hijos se conviertan en personas egoístas y egocéntricas que quebranten las normas y no teman las consecuencias. Por el contrario, el padre bíblico camina en un equilibrio delicado entre amar y ejercer autoridad. Debe administrar justicia y extender gracia. No hay un manual detallado para conseguir este delicado equilibrio; necesitamos la guía del Espíritu Santo y la sabiduría del evangelio. Caer en una sola de estas características hace posible que caigamos en provocar ira a nuestros hijos producto de nuestra inconsistencia en la crianza (Ef. 6:4). Dios nos creó para recibir afirmación y amor; además, para someternos a autoridad. Cuando una de las dos falta, no estamos reflejando la imagen de Dios.

PREPARACIÓN PARA EL FUTURO

El libro de Proverbios nos presenta como aspecto no negociable la instrucción para el futuro del padre sabio a su hijo. Es evidente que debemos preparar a nuestros hijos para ser como la hormiga y no perezosos, para ser buenos mayordomos y para guardar para el futuro. Pero lo más importante es prepararlos para el día del juicio final. Los preparamos para que no se entreguen a una vida lujuriosa o vivan para los placeres. Esto requiere que los padres sean intencionales al mostrarles la realidad del mundo a los hijos. No deben aprender de sus amigos sobre el sexo o las realidades de la vida, pero para eso se requiere que tengan cercanía con sus padres para que puedan tener esas conversaciones instructivas sobre la vida.

GANAR SUS CORAZONES

Considero que ganar sus corazones es el último aspecto vital en la relación padre-hijo. La Biblia es muy clara en cuanto a la importancia del corazón:

> Con toda diligencia guarda tu corazón, porque de él brotan los manantiales de la vida. (Prov. 4:23)

Los padres tienen autoridad sobre sus hijos hasta el día en que ellos se casan y forman otra familia. Por lo tanto, parte de nuestra labor como autoridad sobre sus vidas es enseñarles a someterse a la autoridad de Dios cuando ya no tengamos autoridad paterna directa sobre ellos. Uno de los más graves errores que podamos cometer como padres de hijos adolescentes es ejercer autoridad sobre ellos como si fueran niños. Lo cierto es que no podemos criarlos de forma indefinida hasta su vejez y que dependan de nuestra influencia y consejos. Nuestros hijos adolescentes deben saber que somos su autoridad, que podemos simplemente decir sí o no cuando sea necesario, pero también comenzamos a entrenarlos para que tomen decisiones por sí mismos y desarrollen confianza en nosotros y deseen nuestra influencia. Para lograrlo, debemos ganar sus corazones y que no tengan dudas de que deseamos lo mejor para ellos. En términos prácticos, esto significa disciplinarlos, amarlos, pero también es mostrar interés por sus cosas, mostrarles cariño de formas evidentes y claras y consentirlos cuando sea posible y adecuado. Ellos deben saber que nosotros no solo queremos hijos que nos hagan lucir bien, sino que sepan que son muy importantes para nosotros.

ASPECTOS NEGOCIABLES

Ya he señalado las responsabilidades paternas no negociables que todo padre debe cumplir para formar la conciencia de sus hijos con la Palabra de Dios, por lo que ahora voy a mencionar brevemente algunos aspectos en los que los padres podrían diferir por asuntos de conciencia.

MÉTODOS DE DISCIPLINA Y FRECUENCIA DE LA MISMA

Mis niños eran pequeños cuando llegó un momento en que le dije a Kathy que tirara todos los libros de crianza que había en casa. Solo le pedí que dejara *Cómo pastorear el corazón de tu hijo,* de Tedd Tripp. Considero que la mayoría de los libros eran demasiado irrealistas en cuanto a la metodología para aplicar la disciplina. Lo cierto es que no existe un estándar de disciplina, porque uno de tus hijos puede necesitar más disciplina que otros. En nuestro caso, usamos «la vara» para disciplinar a nuestros hijos. En realidad, usábamos una cuchara de madera en el área de sus nalgas. Pero había días en que no se portaban muy bien y, si hubiéramos seguido el consejo de los libros, habríamos estado todo el día disciplinándolos y podríamos haberles causado un daño físico. Finalmente, le decía a Kathy que nuestros hijos saben quién es la autoridad y que ya era suficiente disciplina para ese día.

La vara mencionada en la Biblia es una imagen que muestra, en primer lugar, que toda acción mala tiene una consecuencia y, en segundo lugar, que el padre es la autoridad para traer esa consecuencia. El padre tiene la vara, así como el estado tiene la espada para castigar la criminalidad. Pero también es cierto que la vara puede ser aplicada de diferentes formas. Para algunos castigos, yo solo usaba mi voz, pero para otros había una consecuencia física y finalmente, en ocasiones, la pérdida de privilegios. Lo imperativo es ejercer una autoridad responsable y amorosa, pero pienso que hay libertad de conciencia en el método y su aplicación sabia.

LA EDUCACIÓN FORMAL DE NUESTROS HIJOS

¿Qué método educativo debemos usar? Esta también es una decisión de conciencia. Nosotros estamos llamados a instruir a nuestros hijos en el evangelio de manera no negociable. Sin embargo, podemos usar escuelas privadas, públicas o escuela en casa para que se les enseñe matemática, ciencia y todas las otras materias seculares. Sí debemos tener en cuenta que, al permitir que el estado u otras instituciones entren al proceso de educación, lo más probable es que nuestro trabajo instructivo y de valores sea más complicado. Tendremos que competir con ideas seculares opuestas a la Palabra de Dios que sus compañeros y profesores van a compartir con ellos. Lo que no podemos decir es que un método educativo sea más o menos cristiano porque sería violar la decisión de conciencia de un hermano en la fe.

Lo más importante es entender que debemos tomar esta tarea de crianza con seriedad e intencionalidad. No debemos olvidar que es una tarea para ambos padres y, bíblicamente, el padre tiene una responsabilidad fundamental en la instrucción de sus hijos. Consideremos lo que la Biblia presenta como las prioridades de crianza y busquemos ser usados como medios de gracia en la vida de nuestros hijos para que puedan ver su necesidad de un glorioso Salvador y encuentren esa respuesta en el evangelio de Jesucristo.

Capítulo 13

Algunas aplicaciones prácticas
Quinta parte

LA CONCIENCIA Y EL NOVIAZGO

Todo tema debe estar sostenido e informado por las Escritura. El noviazgo es otro de los temas que requiere que las conciencias de los novios estén bien informadas por las Escrituras para que puedan actuar de una manera que glorifique al Señor y sea de bendición y fructificación para ellos. Sin embargo, el noviazgo está siendo guiado por algunos movimientos eclesiásticos cuyas prácticas son abrazadas simplemente por su popularidad. Eso ha producido resentimiento entre los que, luego de casarse, no obtuvieron los resultados esperados. Esto ha traído como consecuencia el lanzamiento de acusaciones de legalismo contra el movimiento evangélico y se han ido al extremo opuesto al abrazar una forma de libertinaje.

El ejemplo más claro es el de Joshua Harris,[20] quien en los años 90 influyó en la manera en que millones de cristianos jóvenes entendieron el noviazgo a través de su libro *Le dije adiós a las citas amorosas*.[21] Sin embargo, algunos años después, surgió un movimiento en contra de los principios planteados en ese libro porque muchas personas no obtuvieron lo que esperaban al seguir sus consejos. Por

---

[20]https://www.coalicionporelevangelio.org/articulo/cuidado-mismos-una-reflexion-amigos-joshua-harris/
[21]Hoy fuera de circulación a pedido expreso del autor.

el contrario, muchos fueron marcados por experiencias desagradables y dolorosas.

La iglesia ha reaccionado a la cultura de cortejo de los 90 con el surgimiento de una cultura muy liberal con respecto a las relaciones románticas entre creyentes durante el noviazgo. Sin embargo, toda acción o reacción debe ser tomada teniendo en cuenta que todos somos responsables ante Dios de nuestras decisiones de conciencia (Rom. 14:12, 22-23). Esto implica que necesitamos ser informados por la Palabra de Dios sin sucumbir a las presiones culturales que nos rodeen. Consideremos los siguientes principios bíblicos para el noviazgo cristiano:

EL SEXO ES EXCLUSIVO PARA EL MATRIMONIO

La Biblia es clara al decirnos que el sexo es exclusivo para el matrimonio:

> Porque esta es la voluntad de Dios: vuestra santificación; es decir, que os abstengáis de inmoralidad sexual; que cada uno de vosotros sepa cómo poseer su propio vaso en santificación y honor, no en pasión de concupiscencia, como los gentiles que no conocen a Dios; y que nadie peque y defraude a su hermano en este asunto, porque el Señor es el vengador en todas estas cosas, como también antes os lo dijimos y advertimos solemnemente. Porque Dios no nos ha llamado a impureza, sino a [vivir en] santificación. (1 Tes. 4:3-7)

Según este texto, tener relaciones sexuales antes del matrimonio es «defraudar» a una persona. La razón para este alegato es que el acto sexual no es un acto trivial, sino que representa la realidad de que dos personas se han unido y ahora son una sola carne (Gén. 2:4). Muchos creyentes buscan «la voluntad de Dios» para saber quién es la persona con la que deberían casarse y Pablo nos dice claramente en este texto algo sobre esa persona: no querrá defraudarte antes del matrimonio ni deshonrar al Señor. No podemos profanar este templo si el Espíritu Santo habita en nosotros por medio del evangelio (1 Cor. 6:18).

La cultura contemporánea ha convertido las relaciones sexuales en algo trivial y meramente físico. Sin embargo, hay que considerar que la Biblia señala que las relaciones sexuales son mucho más que el acto mismo. La Biblia condena la inmoralidad sexual (Ef. 5:3; 1 Tes. 4:3) y por eso implica mucho más que el coito. Podría tratarse de sexo oral, sexo seco, estimulación mutua y provocación de orgasmos por diferentes medios, incluso visuales, fuera del matrimonio. Esa es la razón por la que una pareja nunca debería verse desnuda, ni acariciarse de forma inadecuada, antes de casarse.[22]

TU CUERPO ES EXCLUSIVO PARA TU CÓNYUGE

Tu cuerpo le pertenece a tu futuro cónyuge (1 Cor. 7:1-4; Prov. 5:15-19). Necesitas tener en cuenta que debes guardarte para tu futuro cónyuge. Eso significa que también debes tener en cuenta que no puedes asegurar que una relación de noviazgo actual terminará en matrimonio. En otras palabras, no debes unirte con tu novio o novia hasta después de la boda. Nuevamente, esto incluye no solo sexo de penetración, sino también cualquier otro tipo de acto sexual.

TU CORAZÓN ES EXCLUSIVO PARA TU CÓNYUGE

El apóstol Pablo señala que el vínculo matrimonial nos hace uno con nuestro cónyuge y compartimos toda nuestra vida, lo cual también implica unir nuestro corazón al suyo, es decir, el centro de nuestros afectos, pensamientos y voluntad. Por el contrario, la cultura contemporánea ha vuelto popular el contraer nupcias bien al final de la segunda década, pero un gran número de jóvenes ha comenzado a tener relaciones sentimentales y sexuales desde muy temprana edad. Esto se convierte en un problema porque han entregado su corazón

---

[22]Si has caído en pecado sexual, te invito a leer el siguiente artículo: https://www.coalicion porelevangelio.org/articulo/que-hacer-si-he-caido-en-pecado-sexual-con-mi-novio/

de forma inadecuada a diferentes personas, abriendo así la puerta a decepciones, heridas y pecado.

Muchas veces, los novios se ven tentados a caer e ir más lejos en su relación porque en la inmadurez de la juventud perciben que ya su relación es para siempre. Sin embargo, hasta que los novios digan «sí, acepto» en la ceremonia nupcial, ambos todavía pueden salir de la relación. Por eso todo novio o novia debe cuidar su corazón para no exponerlo de formas inadecuadas. Una relación debe desarrollarse de forma progresiva mientras la relación va avanzando y se va entregando cada vez más el corazón a la otra persona. Uno guarda su corazón y no lo entrega de la misma forma cuando está conociendo a alguien que cuando está ya en un noviazgo formal. Será aún más profundo en una relación de compromiso y, por último, se entrega por completo en el matrimonio. En términos prácticos, una forma segura para guardar el corazón es cuidar que los halagos y las expresiones físicas de afecto sean adecuadas y prudentes para cada etapa de la relación.

LA AUTORIDAD ES EXCLUSIVA DE LOS PADRES

La Biblia menciona que los padres tienen autoridad sobre sus hijos hasta que se casan (Gén. 2:4). Esto implica que los padres siempre tendrán algo que decir durante el desarrollo del noviazgo. Deberían cuidarse de ser guiados por principios bíblicos y que sus pedidos o consejos sean razonables y puedan ubicarse dentro de la realidad de la persona soltera. Es importante señalar que, si los padres no están involucrados en la vida de sus hijos, ejerciendo autoridad y brindando consejo, la iglesia puede ayudar ejerciendo ese rol. Si la persona soltera no tiene padres que ejercen su rol bíblicamente, entonces debe buscar la guía de sus pastores locales.

La Biblia es exclusiva para guiarnos y no podemos justificar ante Dios la desobediencia

La Biblia debe ocupar un lugar primordial en la dirección y normatividad sobre toda pareja cristiana. Al mismo tiempo, la pareja debe estar apercibida de las enormes presiones culturales que caen sobre ellos (comp. 2 Tim. 3:16-17). La cultura popular contemporánea puede decirte que tienes que buscar «compatibilidad sexual» con tu pareja antes del matrimonio o saber si hay «química física» entre ambos, pero esto no debe desvirtuar la realidad evidente de que la Biblia prohíbe todo tipo de relación sexual antes del matrimonio. Un creyente debe confiar en que es más importante tener compatibilidad teológica que sexual.

Podemos tratar de poner muchas excusas para ser rebeldes ante nuestro Señor y actuar como queremos para justificar nuestras malas decisiones en el noviazgo. Pero los creyentes estamos bajo la autoridad de Dios y no hay excusa válida para violar principios bíblicos que se nos presentan claramente en las Escrituras.

El evangelio es la esperanza exclusiva

Es muy importante que nuestra única esperanza esté anclada en que Cristo murió por nosotros. Debemos poner nuestra confianza en Él, en Su obra redentora y buscar sabiduría para glorificar a Dios en medio de esta etapa tan crucial de la vida. Cristo es nuestra esperanza y refugio si en el desarrollo de la relación se cometen errores. Lo importante es que deseemos ver lo que la Palabra de Dios dice sobre cómo deben ser nuestras relaciones y busquemos glorificar a Dios en todo.

El ejemplo de Kathy y Joselo: principios bíblicos para un noviazgo saludable a pesar de la distancia

El 21 de agosto de 1998, tomé un vuelo desde San Juan de Puerto Rico hasta Atlanta, en Estados Unidos. Viajaba con dos maletas y dos cajas que contenían todas mis posesiones terrenales. Me había graduado de la universidad con un título de ingeniería industrial un par de meses antes. Ahora me mudaba a Georgia, luego de aceptar una oferta de trabajo.

La mudanza se hacía más complicada porque acababa de empezar una relación de noviazgo con la mujer que hoy es mi esposa. Luego de tres semanas, regresé a la isla para proponerle matrimonio y entregarle el anillo de compromiso. Solo llevábamos tres meses de noviazgo, pero habíamos pasado meses conociéndonos mientras ella estudiaba en Rhode Island y yo en Puerto Rico. Aunque parecía que nos estábamos moviendo rápido, ambos ya éramos adultos (veinticuatro y veintidós años), y sabíamos que queríamos casarnos. Ya éramos creyentes durante nuestro noviazgo y buscábamos honrar a Dios con nuestra relación. Quisiera dejarte algunos consejos prácticos basados en la Escritura que podrían ayudarte si estás pasando por una situación similar a la nuestra.

Definan la relación con principios bíblicos

Es de suma importancia que todo lo que hagan y las decisiones que tomen tengan un asidero fundamental en la Biblia. La creación de convicciones bíblicas permite tomar decisiones sabias y honrar a Dios en los momentos de dificultad. Los animo a que analicen la relación entre María y José. También busquen iluminar sus conciencias a través de textos relacionados con las relaciones, los afectos y sus consecuencias. Por ejemplo, reflexionen en textos como: «a las más jóvenes, como a hermanas, con toda pureza» (1 Tim. 5:2). Busquen meditar en textos como el siguiente: «Pero que la inmoralidad, y toda impureza o avaricia, ni siquiera

se mencionen entre vosotros, como corresponde a los santos»
(Ef. 5:3).

DEFINAN CLARAMENTE DÓNDE SE ENCUENTRA LA RELACIÓN

Es fundamental que la pareja pueda evaluar con sinceridad su noviazgo para determinar el estado y el rumbo de la relación. Las Escrituras no proveen en ningún lugar la posibilidad de tener relaciones románticas sin ningún propósito, sino que el objetivo de toda relación romántica es el matrimonio y, por consiguiente, cada etapa de la misma tiene que ser definida con claridad y propósito.

Durante la etapa de amistad, se debe evitar el uso de piropos o halagos románticos que puedan generar ilusiones sin mayor apoyo. Ambos deben proteger sus corazones durante ese tiempo. Cuando ya la pareja ha comenzado un noviazgo, se puede ampliar el lenguaje de afecto, pero con prudencia y mucha discreción. Finalmente, el ideal es que la relación llegue al compromiso y allí el lenguaje afectivo puede usarse más, procurando mantener una distancia física y emocional prudente para que no se levanten pasiones que son reservadas exclusivamente para el matrimonio.

APROVECHEN LA TECNOLOGÍA

No existían las redes sociales, FaceTime ni nada parecido en 1998. Las llamadas de larga distancia eran carísimas y mi presupuesto solo me permitía llamar a Kathy todas las noches por 30 minutos, pero terminábamos hablando por dos horas cuando teníamos un desacuerdo. Estábamos obligados a conversar, debido a que vivíamos en lugares distintos. Solemos permitir que la presencia sustituya a la buena conversación cuando dos personas están juntas. Nosotros *teníamos* que hablar, y eso creó un fundamento sólido del que todavía disfrutamos: la comunicación efectiva y profunda.

La distancia no tendría que afectar la relación. Debido a las limitaciones físicas obvias que la Biblia pone a una relación antes del matrimonio, lo más importante en una relación de noviazgo es la comunicación a través de conversaciones profundas y constantes. Las ventajas tecnológicas de la actualidad permiten lograr este objetivo con creces y sin importar cuán lejos esté uno del otro.

TRATEN DE VERSE CON MUCHA FRECUENCIA

La tecnología es útil para comunicarse, pero nada sustituye a la presencia física. Traten de visitarse con frecuencia y en la medida de las posibilidades financieras y de tiempo. Kathy y yo lo más que estuvimos sin vernos en ese periodo de distanciamiento fue seis semanas, el tiempo más largo que pasamos separados uno del otro. Decidí no comprarme un vehículo en Atlanta para poder ahorrar lo suficiente para comprar los pasajes para visitarla. Mi prioridad era la relación y no la comodidad.

SEAN INTENCIONALES CON SU TIEMPO

La pareja debe ser bastante intencional a la hora de escoger los temas que conversa. Procuren hablar sobre temas de importancia que sean apropiados para la etapa de su relación (comp. Ef. 5:15-16). Separen tiempo para tener conversaciones importantes con respecto a su futuro, como, por ejemplo, cuántos hijos desean tener, el manejo de las finanzas y los roles en el matrimonio. Si el objetivo de una relación de noviazgo es el matrimonio, nunca es muy temprano para tener estas conversaciones porque definen más claramente si Dios los está llamando a unir sus vidas. También es de suma importancia que toquen temas bíblicos que los preparen para el matrimonio. Pueden leer y meditar en la Biblia juntos y también podrían discutir sobre lo que van aprendiendo de los libros que leen juntos. Esto último los ayuda a crear una comunión bíblica sólida para su futuro.[23]

---

[23]Quisiera recomendarles el libro *Cuando pecadores dicen: «Acepto»*, de Dave Harvey.

PONGAN LÍMITES QUE PROTEJAN LA RELACIÓN

La distancia puede traer consigo muchas tentaciones producto de la separación y la soledad. Es importante poner límites saludables que ayuden a cultivar confianza en el otro. Kathy y yo acordamos que ninguno estaría solo con otra persona del sexo opuesto (lo cual incluía llevar personas en el auto). Otro ejemplo sería evitar salir en un grupo donde al final se termina hablando solamente con una persona del sexo opuesto. Estos son solo ejemplos de las decisiones que tomamos con libertad de conciencia y en unanimidad. Por lo tanto, cada pareja deberá poner sus propias prácticas para honrar límites que se fundamentan en las Escrituras.

BUSQUEN PERSONAS A QUIENES RENDIR CUENTAS

Ambos deben buscar personas piadosas a quienes pueden rendir cuentas sobre su relación. Estoy hablando de amigos maduros que los ayudarán a cuidarse en pureza y poder cultivar fidelidad en la distancia.

COMIENCEN A RESPETAR LOS ROLES BÍBLICOS

Es importante que la pareja cultive desde el noviazgo los principios bíblicos establecidos en el Nuevo Testamento sobre las relaciones (Ef. 5; Col. 3). De ninguna manera estoy diciendo que el hombre manda y la mujer obedece. El mandato bíblico instruye que el hombre lidere a su pareja en la búsqueda de profundidad en la relación con Dios. El vivir bajo los estatutos bíblicos no va a nacer de manera sobrenatural el día de la boda y por eso es importante que comiencen a practicar durante su relación los principios de los roles bíblicos en las áreas que sean adecuadas.

Kathy y yo hicimos un pacto ante Dios, justo al año de salir de Puerto Rico, un 21 de agosto de 1999. Tengo la convicción de que, si se camina de una forma sabia, las relaciones de larga distancia pueden funcionar para la gloria de Dios.

LA CONCIENCIA Y LA BÚSQUEDA DEL ÉXITO

Un amigo me preguntó: «¿Qué tanto debemos esforzarnos para alcanzar las metas en esta vida?». Luego continuó y me dijo: «Tú eres un hombre que se pone metas y las logra. Te propusiste completar un maratón y lo lograste. ¿Cómo puedo ayudar a mi hijo a tener metas y a la vez glorificar a Dios con su vida?».

La pregunta de mi amigo muestra la tensión que muchos sentimos entre el servicio a Dios y el servicio a los demás y de cómo entendemos el éxito en ambas áreas. Esta tensión no es nada nuevo. La historia del cristianismo tiene varios ejemplos de diferentes grupos que se apartaron completamente de la vida secular y vivieron en monasterios porque entendieron que era la mejor manera para glorificar a Dios. Ellos definieron el éxito como la separación del mundo. En el otro extremo, encontramos a creyentes que, usando la doctrina del «mandato cultural», entregan todas sus fuerzas al desarrollo profesional y descuidan las necesidades espirituales de sí mismos y de los demás. Ellos definen el éxito como la fusión con el mundo. Estos son temas que tienen gran importancia porque afectarán la forma en que vamos a criar a nuestros hijos y el énfasis que le vamos a dar a nuestra carrera personal en detrimento de otros llamados que tenemos en la vida. Quizás tú también te preguntas: ¿Es correcto que un creyente trate de ser lo mejor que pueda en el campo que Dios lo llame a servir? Les compartiré algunos principios bíblicos que debemos tomar en cuenta para tener convicciones bíblicas que iluminen nuestra conciencia sobre el significado del éxito desde el punto de vista bíblico.

EL LLAMADO A EJERCER DOMINIO

Dios instruye a la humanidad a ejercer dominio sobre la tierra:

Sean fecundos y multiplíquense. Llenen la tierra y sométanla. Ejerzan dominio sobre los peces del mar, sobre las aves del cielo y sobre todo ser viviente que se mueve sobre la tierra. (Gén. 1:28, NBLA)

Dios diseñó al ser humano para que, por medio de la mayordomía humana, Su gloria llene la tierra. Por eso los cristianos debemos buscar ser excelentes en lo que hacemos y aportar al bien común y a la gloria de Dios en la rama que Dios nos ha llamado a trabajar. Reflejamos la imagen de un Dios creador cuando somos creativos; reflejamos la imagen de un Dios de orden cuando establecemos el orden. Todas las vocaciones humanas como la ingeniería, la educación o los deportes ayudan para que un creyente pueda cumplir el mandato de Dios establecido en la creación.

NUESTROS DONES Y LA MENTIRA
DEL MUNDO MODERNO

Ahora bien, Dios da dones y talentos a cada uno de nosotros, es decir, habilidades naturales que nos ayudan a desarrollarnos y que nos guían al buscar una vocación particular con el fin de glorificar a Dios (Gén. 4:2-22; Ex. 31:1-5; Ef. 4:11-13). La palabra *vocación,* desde el punto de vista bíblico, no es encontrar lo que más nos guste hacer, sino aquello que el Señor nos llama a hacer como mayordomos suyos.

Por el contrario, el mundo moderno nos vende la mentira de que hagamos solo lo que nos guste o acomode y que podemos lograr todo lo que nos propongamos. Es cierto que si trabajas con diligencia y esfuerzo podrías lograr muchas cosas. Pero también es cierto que no todos tenemos las habilidades que creemos o quisiéramos tener. Por más que te guste el básquetbol, si eres bajo de estatura y un tanto lento, sería mejor que no trates de ser el nuevo Michael Jordan. Tenemos que ser realistas y encontrar aquello que realmente nos distingue y que podemos usar con propiedad para nuestro provecho y el de la sociedad.

Por otro lado, el mundo nos bombardea con el mensaje de que la realización y satisfacción la vamos a encontrar alcanzando más y más metas profesionales. Es bueno que los creyentes alcancen buenos puestos laborales y lugares de influencia en la sociedad. Sin embargo, también tenemos que evaluar el costo para llegar a esa posición de supuesto éxito. Aunque queramos dar lo mejor de nosotros para la gloria de Dios, debemos empezar reconociendo nuestras limitaciones y también entender que hay cosas que Dios nos prohíbe sacrificar para alcanzar el éxito.

BUENA MAYORDOMÍA

Todos tenemos dones y recursos limitados, en especial, el recurso del tiempo. Dios nos llama a ser buenos administradores de nuestros dones y de nuestro tiempo. Por lo tanto, necesitamos recordar lo que Dios nos dice que es prioritario e innegociable cuando nos proponemos metas. Este libro fue escrito cuando puedo correr un maratón en 3 horas y 35 minutos. Me encantaría bajar mi tiempo a 3:20, pero para eso, tendría que dedicar demasiado tiempo (alrededor de veinte horas semanales) y hacer muchos sacrificios de todo tipo. Con todo eso, todavía no hay garantía de que lo pueda lograr. La verdad es que no es realista esa meta por más noble que parezca. Lo cierto es que no podría siquiera intentar alcanzarla sin descuidar mis llamados principales a crecer en mi relación con Dios y mis roles como esposo, padre y pastor. El tiempo que le dedicaría a entrenar sería el tiempo que le quitaría a las vocaciones que Dios ya me ha dado.

No estás siendo un buen mayordomo si entrenar para algún deporte está impidiendo que te congregues en tu iglesia local. Si para mantener un determinado promedio académico en la escuela o la universidad no estás involucrándote en el discipulado de la iglesia, entonces no estás siendo fiel a tu llamado principal. Recuerda que este es un principio general. Si tu iglesia tiene actividades todos los días y te obliga a participar, son las autoridades de la iglesia las que no están ejerciendo una buena mayordomía. No estás siendo exitoso a los ojos de Dios si estás abandonando a tu familia para lograr tus metas empresariales.

UNA DEFINICIÓN ERRÓNEA DEL ÉXITO

El problema de fondo que se presenta cuando no somos buenos mayordomos es que hemos definido el éxito de la forma en que lo define el mundo. Eso es lo que nos lleva a vivir y a tomar decisiones como si importara ganar el mundo aunque perdamos nuestra alma (Mar. 8:36). Vivimos como si solo importara nuestra educación o la de nuestros hijos, aunque no la pongamos al servicio de Dios y del prójimo. Actuamos como si nuestro ego o el de nuestros hijos fuera una buena motivación para buscar el éxito en los deportes o los negocios. Estos ejemplos se oponen por completo a la definición de éxito planteada por el apóstol Pablo:

> Quiero que sepan, hermanos, que las circunstancias en que me he visto, han redundado en un mayor progreso del evangelio, de tal manera que mis prisiones por la causa de Cristo se han hecho notorias en toda la guardia pretoriana y a todos los demás. (Fil. 1:12-13, NBLA)

Más adelante, continúa diciendo:

> Pero todo lo que para mí era ganancia, lo he estimado como pérdida por amor de Cristo. Y aún más, yo estimo como pérdida todas las cosas en vista del incomparable valor de conocer a Cristo Jesús, mi Señor. Por Él lo he perdido todo, y lo considero como basura a fin de ganar a Cristo. (Fil. 3:7-8, NBLA)

Pablo entendía el éxito como la fidelidad al llamado que Dios le había hecho. Él puso sus dones al servicio de Dios para la expansión del evangelio y teniendo la confianza de que Dios determinaría su nivel de éxito.

CONFIAR EN LA SOBERANÍA DE DIOS

Muchos cristianos reformados son calvinistas en teología pero no en práctica. Si realmente creemos en la soberanía de Dios, entonces Él hará que alcancemos nuestro potencial sin sacrificar lo más importante. Si Dios desea que tu hijo sea deportista profesional, Él lo hará sin que tu hijo falte a la iglesia. Si Dios desea que tú obtengas ese ascenso, Él lo hará sin que tengas que trabajar todas las noches.

La búsqueda del éxito en el trabajo, los deportes o en los pasatiempos siempre tendrá que estar en segundo plano. Nuestra búsqueda de Dios y nuestra comunión con Él siempre estarán en primer lugar sin importar las consecuencias o las circunstancias. Si la búsqueda de Dios no es lo primero, las demás cosas que busquemos serán ídolos que nos esclavizarán. Debemos ser fieles y trabajar con pasión y dando lo mejor de nosotros, pero no debemos claudicar en lo principal para lograr el éxito terrenal. A fin de cuentas, nuestra identidad no está atada al éxito, sino que está atada al evangelio y a la nueva identidad que Cristo compró para ti y para mí por medio de su sangre (Gál. 2:20).

Conclusión

¿Como batallar el fariseísmo en una cultura de iglesia que afirma la libertad de conciencia?

Una de las grandes bendiciones del creyente es vivir en comunidad. Dios nos salva para relacionarnos con Él, pero nos hace relacionarnos con la iglesia cuando nos salva y nos hace parte de su cuerpo. No solo es esencial ser parte de la iglesia, sino que es obligatorio para todo cristiano. Debe ser nuestro gozo invertir nuestras vidas en la comunidad local de creyentes y replicar el modelo que nos entregó la iglesia primitiva (Hech. 2).

Sin embargo, vivir en comunidad trae retos, especialmente en una comunidad protestante, donde la libertad de conciencia debe ser una realidad que gobierna muchos de sus aspectos. Las personas seguían ciegamente los edictos de la iglesia antes de la Reforma protestante. Si la iglesia dictaba que era pecado comer carne durante ciertos períodos del año, entonces las personas obedecían sin cuestionar el mandato. Por el contrario, Lutero afirmó que la autoridad final de todo individuo es la Biblia. Si las autoridades eclesiásticas difieren de la Biblia, entonces los creyentes individuales no solo tienen el derecho, sino también el deber de no seguir esas normas.

En su libro *La libertad cristiana* (lectura altamente recomendada), Lutero afirma que para que exista adoración verdadera, debe existir libertad. Si practicas dogmas que son meramente forzados en los individuos, entonces eso no será adoración. Sin embargo, cuando las personas arriban a convicciones bíblicas y las aplican a sus vidas, eso resulta en verdadera adoración a Dios.

Entonces, ya sea que coman, que beban, o que hagan cualquiera otra cosa, háganlo todo para la gloria de Dios. (1 Cor. 10:31, NBLA)

La adoración a Dios no es solo por el hecho de comer o beber, sino que radica en el acto de entender que tenemos la libertad en Cristo para participar en un acto que no representa un pecado, y lo hacemos disfrutando de esta libertad para la gloria de Dios. Todo disfrute material era visto como pecado antes de la Reforma, porque todo lo físico o material era considerado como malvado. Esta visión gnóstica del mundo oscurecía el evangelio, ya que Cristo vino a reconciliar la creación material con nuestra realidad metafísica. Por lo tanto, podemos decir con libertad que estamos afirmando la obra de redención del evangelio cuando disfrutamos de deleites terrenales.

El dilema que presenta la libertad de conciencia radica en que diferentes hermanos en una comunidad pueden tener distintas prácticas. Esto puede ser un desafío cuando tenemos adolescentes que podrían observar a diferentes familias, quienes por motivos de conciencia podrían enfatizar, negar o cuestionar el uso o abstinencia de diversos aspectos de gracia común. Podrán existir familias que ven más televisión que otras, padres que permiten tener celulares a sus hijos y muchos otros aspectos que podrían sonar contradictorios. Esto puede traer retos si es que no entendemos cómo funciona la libertad de conciencia y si no tenemos conversaciones sobre este tema de vital importancia en el desarrollo de nuestra fe.

Les quisiera resumir algunos principios que nos pueden ayudar a delimitar y entender la libertad de conciencia en nuestra comunidad y en nuestro hogar:

1. Define de forma responsable las prácticas de libertad de conciencia en tu casa. Pasa tiempo meditando en las

razones para las mismas y presta atención a cualquier influencia de filosofías externas que puedan influenciar al practicarlas. El gran pecado que podemos cometer al practicar ciertas libertades es hacerlas sin el debido entendimiento bíblico.

La fe que tú tienes, tenla conforme a tu propia convicción delante de Dios. Dichoso el que no se condena a sí mismo en lo que aprueba. Pero el que duda, si come se condena, porque no lo hace por fe. Todo lo que no procede de fe, es pecado. (Rom. 14:22-23)

2. Conversa sobre prácticas de otras familias que difieren de la tuyas. La clave está en hacerlo con humidad, no simplemente buscando comunicar que la nuestra es mejor y la otra está equivocada. La forma correcta es afirmando la libertad de conciencia de otros de tener sus propias prácticas, pero, a la vez, dejándoles saber la razón para la diferencia entre las prácticas.

3. Define con mayor precisión el significado de la libertad de conciencia. Enseña que la libertad de conciencia no es simplemente el derecho de hacer lo que pienso, sino la responsabilidad de discernir la voluntad de Dios a través de las Escrituras sobre prácticas personales en áreas de desacuerdo teológico.

DOS EJEMPLOS

Nuestra familia ve televisión, pero conozco familias que básicamente han reducido a cero su consumo televisivo. Nosotros nos reunimos como familia cada noche y vemos alguna comedia o algún programa de remodelación de hogares (preferencia de Kathy). Algo que les comunicamos a nuestros hijos es que ellos no tienen la libertad de ver estos programas sin nosotros. En algunos episodios, pueden surgir temas de naturaleza adulta y de forma intencional queremos aprovechar la oportunidad para tener conversaciones con ellos sobre esos temas. Estoy buscando aplicar algunos principios de Proverbios, donde el padre señala pecados en la sociedad a su hijo. Es además un tiempo para relajarnos juntos luego de un arduo día de trabajo para todos, pero sin perder la oportunidad de instruirlos.

Como ya he mencionado en otra parte del libro, mi hijo mayor está a punto de cumplir quince años y todavía no vemos la necesidad o la posibilidad de que tenga un teléfono inteligente. Quizás cuando cumpla dieciséis y comience a manejar, le compremos alguno que tenga solo la capacidad de hacer llamadas. Sin embargo, cuando hablamos de esta decisión con ellos, no les decimos que somos mejores o más santos que los demás producto de nuestra decisión. Otros papás pueden llegar responsablemente a la conclusión de darles un celular, pero para nosotros, el hecho de que se puedan hacer búsquedas en internet fuera de las protecciones de la red del hogar es suficientemente peligroso como para no darles un teléfono. Además, les hemos dicho que cuando ellos tengan la capacidad de responder ante sus errores, es decir, trabajar y poder enfrentar una mala decisión, entonces tendrán mayores libertades. En este momento, si tener acceso libre a internet les llevara, por ejemplo, a entrar en una relación inadecuada que terminara con un embarazo, ellos no podrían responder a esa decisión.

La libertad de conciencia puede ser confusa debido a las diferentes prácticas asumidas por familias cercanas que respetamos. La libertad de conciencia no debería ponernos en una lucha religiosa para descubrir cuál familia es la más santa o la más consagrada y obediente al Señor. Por el contrario, la libertad de conciencia invita a cada familia a tener convicciones bíblicas profundas que le permitirá disfrutar de los regalos de Dios. Esto nos lleva a poder regocijarnos en prácticas que otros realizan en la libertad de sus conciencias, a pesar de que en nuestra familia no se aprueben. El evangelio es glorioso, nos da libertad para verdaderamente adorar a Dios por medio de nuestras convicciones bíblicas más profundas.

LA INSTRUCCIÓN DE LA CONCIENCIA

John Webster dice en su libro *Christ our Salvation* [Cristo, nuestra salvación]: «La conciencia es un buen siervo, pero un tirano temible como señor».[24] Webster buscó enfatizar que hay que saber utilizar la conciencia para que sea la bendición para la que Dios la creó. Para lograrlo, debemos instruirla correctamente con la Palabra de Dios para que nos deje saber en qué momento la estamos violentando y, por medio del poder del Espíritu, poder ejercer dominio propio. Pero la conciencia se convierte en un tirano cuando pensamos que una conciencia informada es nuestra salvación o pensamos que podemos obedecer de forma perfecta si tan solo le entregamos la información correcta a nuestra conciencia. La realidad es que podemos tener la conciencia más informada del mundo, pero todavía somos pecadores que necesitamos la gracia de Dios. Reconocemos nuestra debilidad y necesidad del Señor, pero tenemos la necesidad de buscar una conciencia informada para vivir con conciencias limpias delante de Dios.

Cuando leí las cartas de Pablo a Timoteo, me llamó demasiado la atención la importancia que le da el apóstol a guardar una conciencia limpia y presentarse ante Dios de esa manera:

Pero el propósito de nuestra instrucción es el amor nacido de un corazón puro, de una buena conciencia y de una fe sincera. (1 Tim. 1:5)

Doy gracias a Dios, a quien sirvo con limpia conciencia como lo hicieron mis antepasados, de que sin cesar, noche y día, me acuerdo de ti en mis oraciones. (2 Tim. 1:3)

El fin de una conciencia limpia no es salvarnos, porque esto solo lo puede hacer el evangelio. Hoy en día, vivimos en un tiempo en que defender nuestros derechos es una de las mayores prioridades del ser humano. Esto lo escuchamos y lo vemos en manifestaciones públicas

---

[24]Webster, John, *Christ Our Salvation* (Bellingham, WA: Lexham Press, 2020), p. 65.

y en berrinches individuales. Pareciera que todo el mundo demanda que se cumplan y respeten «sus derechos» en nuestras sociedades democráticas. Aunque soy un fiel defensor de los derechos naturales, la realidad es que, cuando las personas hablan de derechos, están refiriéndose específicamente a la capacidad sin límites de hacer lo que les place. Lo que no tienen en cuenta es que un derecho siempre está acompañado de responsabilidades que deben ser cumplidas por medio del derecho otorgado.

Los cristianos hemos adoptado esta misma mentalidad mundana en algunas áreas de nuestras vidas. Pablo nos presenta un concepto radicalmente diferente a lo que dice el mundo en su primera carta a los corintios: los creyentes debemos estar dispuestos a morir a nuestros derechos por amor al que tiene una conciencia débil y por amor al evangelio (1 Cor. 8–9). No es que no exista virtud alguna en ninguna ocasión de defender nuestros derechos, pero el creyente debe considerar muchas cosas antes de exigir que sus derechos sean respetados.

LAS LIBERTADES CRISTIANAS

Una de las mayores debilidades en las iglesias de nuestra región es que no se ha desarrollado un entendimiento de las categorías de libertades cristianas en las que los creyentes pueden participar sin cometer un pecado. El problema es que la iglesia ha señalado como pecado acciones y prácticas que no lo son ni la Biblia condena como tal. Por ejemplo, había cristianos en Corinto que pensaban que era pecado comer ciertos alimentos (1 Cor. 8:8). Sin embargo, Pablo les enseñó que si una persona tiene la prerrogativa de abstenerse de algún tipo de alimento, no debe imponerla a otros creyentes que se sienten libres de comer cualquier clase de alimento.

LA RELACIÓN ENTRE EL FUERTE Y EL DÉBIL

El problema con la libertad cristiana es que los que se sienten fuertes para hacer algo se interesen más en su «derecho» que en amar a otros por el avance del evangelio. Pablo exhorta a los fuertes a que se abstengan de comer carne sacrificada a ídolos para no ser piedra de tropiezo a los débiles de conciencia. De igual manera, menciona que sacrificó su derecho a la libertad de tener una esposa para poder predicar con mayor libertad (1 Cor. 9). Aunque tengamos libertades, debemos siempre ser conscientes de que hay otras prioridades más allá de simplemente ejercer nuestros derechos para el creyente que ha sido rescatado de la esclavitud del pecado.

El problema central consiste en que la persona de conciencia débil puede terminar pecando al ver a otra persona con más conocimiento comer con libertad la carne del templo pagano (algo que no es un pecado inherente). Creo que estos términos de conciencia débil y fuerte han sido malinterpretados por mucho tiempo. Se presentan con frecuencia como dos alternativas:

1) Hay cosas que no son pecado y que uno de conciencia fuerte puede practicar.

2) Hay cosas que no son pecado, pero el débil de conciencia piensa que sí lo son y por eso no las practica.

Sin embargo, Pablo no lo presenta así de simple. La persona tiene una conciencia débil por falta de conocimiento (1 Cor. 8:7). Pablo empieza explicando por qué comer carne del templo pagano no es pecado y luego nos muestra que no todos tienen ese conocimiento (1 Cor. 8:1-6, 7). Por lo tanto, la persona que tiene una conciencia débil suele ser el nuevo creyente que está apenas empezando a aprender de la fe. Entonces, cuando un creyente más maduro en la fe participa de actividades cuestionables para el creyente nuevo, Pablo pregunta: «Porque si alguien te ve a ti, que tiene conocimiento, sentado a la mesa en un templo de ídolos, ¿no será estimulada su conciencia, si él es débil, a comer lo sacrificado a los ídolos?» (1 Cor. 8:10).

Pablo nos presenta el siguiente punto: la práctica de actividades que conocemos que no son pecado podrían llevar a hermanos sin conocimiento a regresar a conductas paganas. Cuando identificamos una de estas acciones, nos debemos preguntar si estamos dispuestos a morir a nuestro derecho por amor al débil. A la vez, el débil no debe quedarse en ignorancia, sino que debe anhelar ser discipulado para que su conciencia sea informada por la Palabra de Dios y no por sus experiencias o sentimientos.

Entonces, termino con la pregunta con la que comencé este libro: ¿Por qué debemos esforzarnos en este trabajo de informar nuestras conciencias?

> Para libertad fue que Cristo nos hizo libres. Por tanto, permaneced firmes, y no os sometáis otra vez al yugo de esclavitud. (Gál. 5:1)

Fuimos liberados para no estar bajo el yugo de tener que obedecer la ley para nuestra salvación, sino para que nuestra conciencia nos guíe a la obediencia ahora que somos verdaderamente libres del dominio del pecado. Esta libertad nos permite dejar derechos para los débiles, disfrutar de libertades para la gloria de Dios y realmente reflejar el evangelio en nuestras vidas. Finalmente, la conciencia informada es importante porque es un reflejo del efecto del evangelio de vivir sometidos a Dios y, por ende, debemos usarla en la forma en que Dios la diseñó para que nos sea de ayuda, de bendición para otros y Dios reciba toda la gloria al experimentar la libertad que tenemos en Cristo. Una conciencia informada nos permite realmente disfrutar lo que podemos en libertad y restringirnos en lo que debemos por amor de otros y para que sea un reflejo de la santidad de Dios.